Sigfried Schibli
FRANZ LISZT

SERIE PIPER
Band 5238

Zu diesem Buch

Franz Liszt, ein Schauspieler – dieser Verdacht gehört zu den ältesten Konstanten der Wirkungsgeschichte des großen Komponisten. Sigfried Schibli versucht in seinem Liszt-Porträt, den verschiedenen Aspekten dieser in der Tat höchst wandlungsfähigen Künstlerfigur nachzugehen und sie wertneutral als Bedingungen seiner künstlerischen Existenz zu beschreiben: den Wandel vom Lebemann zum Abbé, vom Wunderkind zum Salonlöwen, vom Weltbürger zum selbsternannten »Zigeunermusiker« ... Es sind Verwandlungen, die sich auch musikalisch niederschlugen und die keineswegs nur von biographischem Interesse sind. Dazu gehören auch Liszts spannungsvolles Verhältnis zu Wagner, seine romantische Indifferenz und sein soziales Engagement, sein Verzicht auf Virtuosenruhm und weltlichen Prunk, aber auch sein Schwanken zwischen verschiedenen Lebensformen, das in so komplexen und vielschichtigen Werken wie der h-Moll-Sonate sein kompositorisches Pendant hat. Liszt, der Schauspieler, beherrschte seine Rollen dennoch nicht ganz perfekt – das machte ihn biographisch so schillernd und musikalisch so zukunftweisend. Und es ist Zeit geworden, diesen Verwandlungen einmal ohne falsche Idealisierung, aber auch ohne Häme nachzuspüren.

Sigfried Schibli, geboren 1951 in Basel. Studium der Germanistik, Musikwissenschaft und Philosophie in Basel und Frankfurt a. M., Promotion 1984; ab 1971 Tätigkeit als Musikkritiker für Schweizer Zeitungen, seit 1978 freier Mitarbeiter bei der »Frankfurter Allgemeinen Zeitung« und beim Hessischen Rundfunk, seit 1985 Redakteur der »Neuen Zeitschrift für Musik«.
Veröffentlichungen u. a.: Alexander Skrjabin und seine Musik (1983).

Sigfried Schibli

FRANZ LISZT

Rollen, Kostüme,
Verwandlungen

Mit 13 Abbildungen
und 7 Notenbeispielen

Piper
München Zürich

SERIE PIPER
PORTRÄT
Herausgegeben von
Martin Gregor-Dellin und Reinhard Merkel

ISBN 3-492-15238-4
Originalausgabe
Dezember 1986
© R. Piper GmbH & Co. KG, München 1986
Umschlag: Federico Luci,
unter Verwendung einer Bleistiftzeichnung (1858) von
Friedrich Preller
Photo Umschlagrückseite: Harald Stuckmann
Gesamtherstellung: Clausen & Bosse, Leck
Printed in Germany

Inhalt

Für Eeva-Taina
und Aleksandra

Zum Thema

Franz Liszt, ein Schauspieler – dieser Topos gehört zu den ältesten in der Wirkungsgeschichte des großen Komponisten und Klaviervirtuosen. Daß über kaum einen Musiker so viele romanhafte Darstellungen geschrieben wurden wie über Liszt, ist ein Indiz für die schillernde Faszinationskraft seines Lebens und Werks, das sich vielen Betrachtern wie die theatralische Entfaltung eines ganzen Rollenrepertoires darbot. Wobei Liszts »Schauspielerei« je nach Grundeinstellung entweder als Zeichen genialer künstlerischer Begabung oder aber als Beweis moralischer oder künstlerischer Minderwertigkeit erscheint; ein Umstand, der sich in Heinrich Heines inzwischen auch schon klischeehaft gewordenem Wort widerspiegelt, es könne niemand von Liszt mit Gleichgültigkeit sprechen (1837 im zehnten *Vertrauten Brief an August Lewald*).

Dennoch lohnt es sich, dem Klischee vom Rollenspieler Liszt einmal wertneutral nachzugehen und zu versuchen, seine Verwandlungsfähigkeit als Bedingung seines künstlerischen Wirkens, ja sogar seiner musikhistorischen Bedeutung zu bestimmen. Daß darin eine methodisch zweifelhafte, überdies widersprüchliche Vorgabe liege, nimmt der Autor in Kauf; erwies sich diese doch gerade als fruchtbares Stimulans der Erkenntnis Liszts: Die Annahme einer tatsächlich in mehrere dramaturgische Rollen gespaltenen oder auf mehrere Rollen verteilten Existenz kann ein Schlüssel für das Verständnis nicht nur des Menschen, sondern auch des Komponisten Liszt sein, der aus seinem Sinn für Verwandlungen und Verkleidungen vielfältigen künstlerischen Gewinn ziehen konnte.

Für spektakuläre Enthüllungen über Liszt ist dies übrigens nicht der geeignete Ort: Die relevanten Fakten liegen inzwischen in mehreren gründlichen und vorurteilslosen Monographien vor, und Liszt selbst war sich bewußt, daß viele ihn für einen Schauspieler hielten. Im zweiten *Reisebrief eines Baccalaureus der Tonkunst*, im Januar 1837 verfaßt und an George Sand adressiert, heißt es:

»Und weil ich mich gab, wie ich war: ein enthusiastisches Kind, ein warmfühlender Künstler, ein strenger Gläubiger, mit einem Worte alles, was man mit 18 Jahren ist, wenn man Gott und die Menschen mit heißer, glühender Seele liebt und unberührt ist von dem erstarrenden Hauche des sozialen Egoismus, weil ich es nicht verstand, Komödie zu spielen, kam ich in den Ruf – ein Schauspieler zu sein.«

Wo fängt die Selbsterkenntnis an und hört das Spiel der Masken auf, wo beginnen die Verwandlungen, sich vom bloßen Versteckspiel zu emanzipieren und wesentlich zu Liszt zu gehören?

Franz Liszt: Rollen, Kostüme, Verwandlungen

Formeln, eigene und fremde

Gewöhnlich gilt es als Zeichen menschlicher Größe, wenn ein Mensch sein Wesen, seine Geschichte, sein Leben in bündiger Formulierung auf einen Nenner zu bringen vermag, der durch äußere Einfachheit verblüfft und durch innere Komplexität bestrickt; wem die eigene Person diffus verschwommen bleibt, dem attestiert niemand freiwillig Rang und Maßstäblichkeit. Franz Liszt bietet den Anhängern solcher Selbstformulierung volle Befriedigung. Er verstand es, sich immer wieder und immer wieder anders zu definieren – selbstreflexiv und wortgewaltig, nicht unironisch und nicht unzimperlich gegen sich selbst.

Die bekannteste Formel lautet: »Halb Zigeuner und halb Franziskaner«. Sie entstammt einem Brief an Carolyne von Sayn-Wittgenstein, geschrieben in Budapest am 13. August 1856. Freilich schrieb Liszt schon 1837 seiner damaligen Geliebten Marie d'Agoult, die er »Klein-Zyo« nannte: »Heute vereinen sich die beiden Cretinos, um an Klein-Zyo zu schreiben ...« Mit den beiden Cretinos meinte er niemand anders als sich selbst, den innerlich Zweigeteilten.

Dieses Bewußtsein der Dualität hat eine an prickelnder Psychologie interessierte Liszt-Biographik dankbar aufgegriffen: als Widerspruch zwischen Introversion und Extroversion, zwischen nobler Spiritualität und Volksverbundenheit, gar zwischen Frömmigkeit und Ausschweifung. Noch die überaus materialreiche und kritische Studie *The Man Liszt* (1934) von Ernest Newman spricht im Untertitel von der »Tragikomödie« einer »in sich selbst gespaltenen Seele«, und Jacques Chailley wirft im Vorwort zu Serge Guts sonst bis zum Faktenpositivismus gründlichem Buch *Franz Liszt. Les éléments du langage musical* (1975) allen Ernstes die Frage auf, ob man nicht angesichts der biographischen und musikalischen Spannweite von »zwei Komponisten mit dem Namen Franz Liszt«, einem Jüngeren und einem Älteren, sprechen sollte.

Die erste der beiden zitierten Äußerungen ist biographisch-psychologisch orientiert, die zweite eher musikalisch-analytisch. Einig sind sich die beiden Autoren – und sie bilden nur die Spitze eines ganzen Eisbergs wissenschaftlicher, halbwissenschaftlicher und feuilletonistischer bis romanhaft-fiktiver Charakterdarstellungen Liszts – in der Dualität »zweier Seelen in einer Brust«. Es hätte also gar nicht der Lisztschen *Faust-Symphonie* bedurft, um in diesem Komponisten ein Doppelwesen nach Art des Goetheschen Faust zu finden. Indessen offeriert das Studienobjekt selbst, wie könnte es anders sein, eine Alternative, die drei- statt nur zweipolig strukturiert ist. Eine erste Formulierung führt wieder ins Jahr 1856, die Zeit der *Graner Festmesse,* des Beginns der Arbeit an der *Legende von der heiligen Elisabeth,* der *Hunnenschlacht* und der symphonischen Dichtung *Hungaria* (Uraufführung in Pest). Ein Brief aus Ungarn enthält die Formulierung »für mich als Ungar, Catholik und Componist« – Herkunft (oder ideale Nationalität), Glauben und Beruf in unübertrefflicher Prägnanz vereinend. Dem Kenner der genannten Werke bietet die Briefwendung die Möglichkeit, Liszts Musik auf ihren Beziehungsreichtum hin zu untersuchen und als national engagiert, von katholischem Geist erfüllt und kompositorisch ambitioniert, weil die Gattungsnormen neu definierend, zu erkennen.

Fügen wir dieser Auswahl Lisztscher »Strukturformeln« noch eine weitere hinzu, für welche der Meister einen ungenannten Gewährsmann bemüht. Im September 1863 schreibt er aus Rom an Franz Brendel, den Redakteur der von Robert Schumann begründeten *Neuen Zeitschrift für Musik*:

»Nicht unpassend sagte mir vor etwa zwanzig Jahren ein geistreicher Mann: ›Sie haben es eigentlich mit drei Menschen in sich zu thuen, die sich zuwiderlaufen: der gesellige Salon-Mensch, der Virtuos und der denkend-schaffende Componist«.«

Interessanterweise fehlt hier gänzlich die Dimension des religiösen Bekenntnisses, dem Liszt sich seit den fünfziger Jahren so entschieden zugewandt hatte. Doch datiert der Ausspruch ja aus den vierziger Jahren, in welchen Liszts »weltliches« Engagement als Pianist und Dirigent diesen Aspekt seiner inneren Realität gleichsam verdeckte. Nur hätte man erwarten können, daß der inzwischen in den Bannkreis des römischen Papstes getretene und vorwiegend mit geistlichen Stoffen beschäftigte Liszt sich von dieser allzu weltimmanenten Charakterisierung distanziert hätte – doch ließ er sie als geschichtliches Zeugnis stehen: So sehr schien er eins zu sein mit den verschiedenen Entwicklungsstufen seiner vielgestaltigen Persönlichkeit.

Kann es ihm aber mit dem Nebeneinander seiner verschiedenen »Rollen« in letzter Instanz ernst gewesen sein? Diese Frage ist die schwierigste, die man zum Menschen Liszt überhaupt aufwerfen kann. Newman hat ihr ein ganzes Buch gewidmet und ist dabei zu dem Befund gelangt, Liszt sei tatsächlich seelisch mindestens »zweigeteilt« gewesen und habe eine ganze Reihe von (Schauspieler-)Rollen gespielt, vom gepflegten Aristokraten und ritterlichen Liebhaber bis zum in sich gekehrten Kleriker und uneigennützigen Förderer junger Künstler. Den »wahren« Liszt rekonstruiert Newman unter schonungsloser Ausdeutung der Fakten, damit die »Legende« vom guten Menschen Liszt destruierend.

Freilich sollte man die Frage nach der Identität Liszts nicht moralistisch angehen, sollte nicht hinter dem Pluralismus der Rollen und Charaktermasken bloße Verlogenheit wittern: »Persona« und somit das, was an einem Menschen als unverwechselbar und nicht zu hintergehen echt gilt, heißt ursprünglich nichts anderes als Maske. Nur so viel kann an dieser Stelle gesagt, gewagt werden: Liszt hatte einen ausgeprägten Sinn für die Verschiedenartigkeit, ja sogar Gegensätzlichkeit seiner Lebensrollen, er machte sich darüber Gedanken und versuchte immer wieder, sich darüber zu erklären. Vielleicht genoß er es, das Staunen der Welt mit anzusehen, die nicht begreifen konnte, daß der

Weltbürger Liszt sich aufs Ungarland fixierte, der Lebemann zum Abbé wurde, der gefeierte Triumphator aller Konzertsäle am Ende Stücke von bisweilen banaler Simplizität verfaßte. Was der alte Liszt in geographischer Hinsicht einmal als seine »Vie trifurquée« bezeichnete (damals teilte er seinen Wohnsitz zwischen Rom, Weimar und Budapest), war Erscheinungsform einer schon von allem Anfang an herrschenden Neigung, gerade in der Diversifikation seiner Lebensrollen Identität zu finden.

Zurückzukommen ist noch einmal auf die Dreierformel »Ungar, Catholik und Componist«. Denn sie offenbart ein »Kontrastprinzip« solcher Selbstdefinition, ist die bestimmte Negation seines früheren Daseins, das gerade vom Übernationalen und Überkonfessionellen geprägt war und in welcher für Liszt weniger die Wissenschaft von der Komposition als die Selbstdarstellung als Klaviervirtuose (wenngleich immer stärker als Interpret eigener Werke) im Vordergrund stand.

Liszt wurde 1811 im burgenländischen Raiding (ungarisch Doborján) in Ungarn geboren und blieb zeitlebens ungarischer Staatsbürger; die ungarische Sprache indes lernte er nie. Er wuchs deutschsprachig auf und in die französische Kultur hinein, seit er als Zwölfjähriger in Paris studierte, Konzerte gab und sich im geistigen Milieu der französischen Romantik bewegte.

Daß Liszt, der von 1848 an als Kapellmeister in Weimar wirkte, zum Haupt der »neudeutschen Schule« werden konnte, verdankt sich nicht allein seiner kompositorischen Errungenschaft der symphonischen Dichtung, sondern auch einer nationalen Wandlungsfähigkeit: vertonte er jetzt doch mit der gleichen Identifikationsfähigkeit Schiller und Goethe und ließ sich vom Maler Wilhelm von Kaulbach inspirieren, wie er sich in den frühen dreißiger Jahren von Alphonse de Lamartine und Félicité Robert de Lamennais anregen ließ. Das Zusammenleben mit der von einem französischen Vater und einer aus Frankfurt am Main gebürtigen Mutter abstammenden Marie d'Agoult festigte sich kaum zum konstanten Dasein, sondern fand seine Form in romantischen Reisen durch Frankreich und die Schweiz; als sich das Paar in Genf niedergelassen hatte, wurde Liszt abermals von seinem Darstellungsbedürfnis eingeholt, und er begann – gegen den Willen Maries, die traute Zweisamkeit in der Abgeschiedenheit vorzog – wieder zu konzertieren. Heimisch wurde er, wenn überhaupt, in den Musikzentren der Welt – Ungar war er im Herzen, nicht im Handeln.

Niemals stand Liszt konfessioneller Eingrenzung ferner als in jenen Wanderjahren, als er seiner Geliebten einmal Sätze des abgrundtiefen Zweifels an Gott und Sätze von kaum verhüllter Größenphantasie des eigenen Ichs schrieb:

»Ich fühle manchmal eine schreckliche Undankbarkeit gegen diejenigen, die ich am meisten liebe; dann verwechsle ich alles, vergesse alles mit einem begreiflichen Stumpfsinn. Die heiligsten, die göttlichsten Dinge sind für mich nichts als tönende und phantastische Noten.«

Dann das in ein Spiel mit den selbstgewählten Namen »Thoughtful« und »Thoughtless« – der Nachdenkliche und der Unbekümmerte – verpackte Geständnis: »Thoughtless ist herrlich, göttlich, Thoughtful hätte große Lust, es zu werden.« Das philosophisch begründete, gleichwohl aber gefährlich entgrenzte »Ich bin Gott« des russischen Liszt-Anhängers Alexandr Skrjabin liegt in greifbarer Nähe.

Schließlich die dritte Bestimmung Liszts aus den fünfziger Jahren, die ebenfalls die konkrete Negation einer früheren Seinsweise in sich birgt: »Componist«. Den Hintergrund dieser Berufsangabe bildet eine der großen Entsagungen im Leben Liszts, der Verzicht auf das Virtuosendasein – ein langwieriger Akt, der sich in mehreren Schüben des Verzichts und der Rückkehr aufs Konzertpodium vollzog. Seit etwa 1848 betrachtete Liszt seine Phase des Konzertpianistentums als abgeschlossen; fortan trat er nur noch selten und meist in Wohltätigkeitskonzerten auf – er ließ sich bitten, kämpfte nicht mehr ums Publikum, sondern ließ dieses um ihn kämpfen; suchte einen Zweck außerhalb der Kunst (eben die Geldsammlung für Notleidende), um sein öffentliches Erscheinen als Virtuose zu rechtfertigen.

Die Wendung vom Podiumshelden zum bloßen Tonsetzer wird an anderer Stelle in größerem Zusammenhang darzustellen sein (siehe S. 119ff.). Für den vorliegenden Kontext ist vorerst nur die Tatsache der bewußten Wahrnehmung seiner biographischen Stationen von Bedeutung. Denn Liszt scheint den Wechsel vom extrovertierten Akteur auf der Bühne zum im Hintergrund wirkenden, geistig-kreativen Schöpfer nicht naturwüchsig-fließend, sondern ganz planmäßig und bewußt vollzogen zu haben. Die Verwandlung »geschah« nicht mit ihm, sondern wurde von ihm erlebt nach einem dramaturgischen Plan »wie eine classische Tragödie«. Seinen »Lebenswandel in fünf Acten« faßte der alte Liszt (1874) seiner Biographin Lina Ramann einmal in folgendem Schema zusammen (wobei er das Todesjahr seines Vaters irrtümlich von 1827 auf 1828 verlegte):

»1ter = Die Kinder Jahre bis zum Tode meines Vaters, 28.

2ter = 30 bis 38, herum tastendes Studieren und produzieren in Paris, und vorübergehend in Genf und Italien, vor meinem Wieder Auftreten in Wien (38), dessen Erfolg mich zur Virtuosenlaufbahn bestimmte.

3ter = Concert Reisen: Paris, London, Berlin, Petersburg etc.: Fantasien, Transcriptionen, Saus und Braus.

4ter = 48 bis 61 Sammlung und Arbeit in Weimar.

5ter = Deren konsequente Fortsetzung und Abschließung, in Rom, Pest, Weimar von 61 bis .....«

Die dürre Aufzählung gewinnt Leben durch andere Äußerungen Liszts, in denen er die einzelnen »Wendestellen« seiner Biographie bezeichnete; so etwa die Wendung von der mit »Saus und Braus« überschriebenen Lebensphase zur Phase der »Sammlung« in Weimar. Als Liszt 1855 im Mainzer Schott-Verlag den ersten Jahrgang seines großen Klavierzyklus *Années de pèlerinage* veröffentlichte, teilte er dazu dem Pianisten und Musikschriftsteller Louis Köhler mit: »Mit diesen Sachen will ich einstweilen mit dem Clavier abschließen«; und läßt diese Formulierung immerhin noch dem Zweifel Raum, ob er nicht primär die Komposition für das Klavier meine und gar nicht ans Klavierspielen denke, so beseitigt eine briefliche Mitteilung von 1854 aus Ungarn alle Bedenken: Liszt bekräftigt hier, »seit mehr als sieben Jahren allen Concertproductionen als Clavierspieler entsagt« zu haben.

Ökonomisch ging der Abschied vom Klaviervirtuosentum mit

dem Ende von Liszts Erfolgsperiode einher. Briefe wie jenen an Marie d'Agoult vom 22. Mai 1840, er habe in London an einem Abend 30 Guineen verdient, während der berühmte Pianist Sigismund Thalberg es auf maximal 20 bringe, konnte Liszt später nie mehr schreiben. Nach seinen ökonomisch sorgenfreien Weimarer Jahren war er finanziell auf die Unterstützung durch die Fürstin Sayn-Wittgenstein angewiesen; auch hängt seine damals deutlich gesteigerte Transkriptiontätigkeit mit einer drohenden Notlage zusammen, denn Bearbeitungen bekannter Werke brachten ihm wenigstens gesicherte Verlagshonorare ein.

Gleichwohl hatte Liszt im Alter wiederholt Grund zur Klage, sein Einkommen reiche ihm gerade knapp zur Deckung der täglichen Lebenskosten aus. Liegt am Ende auch in dieser ökonomischen Veränderung ein Moment geplanter Lebensinszenierung, ein Stück bewußter Selbststilisierung als entsagungsvoller Klosterbruder? Es ist nicht auszuschließen – aber nichts wäre ungerechter, als aus solchem Verhalten den moralischen Tadel einer »unehrlichen« oder heuchlerischen Existenz abzuleiten, bevor nicht die wichtigsten Motive solchen Rollenspiels untersucht sind.

Ein letztes Briefzitat zu diesem Thema. Am 8. November 1862 schrieb Liszt aus der Eremitage seines Domizils in Rom an Brendel Sätze von unerhörter Kraft und Bewußtheit:

»Nachdem ich die mir gestellte *symphonische* Aufgabe in Deutschland, so gut ich es vermochte, zum größeren Theil gelöst habe, will ich nunmehr die *oratorische* (nebst einigen zu derselben in Bezug stehenden Werken) erfüllen. Die Legende der heiligen Elisabeth, welche seit ein paar Monaten beendet ist, darf nicht isolirt bleiben, und ich muß dafür sorgen, dass die gehörige Gesellschaft für dieselbe heranwächst!«

Ordnung, Gliederung, Übersichtlichkeit, Ökonomie: dies waren die wichtigsten Maximen im Leben des Lebenstechnikers Liszt; und nichts konnte ihn an Biographien seines Lebens aus der Feder anderer Autoren mehr stören als jene »Verworrenheit«, die er seinem Biographen Gustav Schilling (*Franz Liszt. Sein Leben und Wirken aus nächster Beschauung*, Stuttgart 1844) wütend vorwarf.

An den Rändern der Rollen

Wer eine Rolle oder gar mehrere Rollen zugleich spielt, wird leicht in einen Konflikt zwischen den unterschiedlichen, bisweilen sogar unvereinbaren Rollenanforderungen geraten; gesteigerte Selbstkontrolle wird seine Gegenmaßnahme gegen diffuses Zerfließen sein. Hier gilt im Grunde das gleiche, was Friedrich Nietzsche über die Lüge sagte: daß es unendlich viel schwerer sei zu lügen als die Wahrheit zu sagen, weil der Lügende seine Aussage in ein ganzes Netzwerk von Faktoren einplanen muß – was dem die Wahrheit Sagenden erspart bleibt. Franz Liszt mag dem Problem der Lüge nicht häufiger ausgesetzt gewesen sein als jeder andere Sterbliche; und schließlich log er ja nicht, wenn er sich vom naiv Gläubigen zum Zweifler und wieder zum Gottsucher wandelte oder als er ein Leben des gesellschaftlichen Erfolgs gegen ein zurückgezogenes Mönchsdasein eintauschte, sondern begann einen neuen Lebensabschnitt, schlüpfte in ein neues Kostüm.

Aber er mußte in gesteigertem Maße jene Ränder des Verhaltens kennen, in welchen ein »Part« vom andern bedrängt, überlagert und zuletzt abgelöst wird. Und in seinem Leben müssen sich Situationen wiederholt haben, deren Signatur nach außen Unehrlichkeit und nach innen Rollendiffusion war – Situationen, die nachzuerzählen nicht bloßer Lust am Eklat entspringen muß. Daß dabei die mit dem Knüpfen einer idealisierenden Liszt-»Legende« beschäftigte offizielle Biographik – vor allem die Bücher von Lina Ramann und Marie Lipsius, die sich La Mara nannte – als Quelle weniger in Frage kommt als die neuere, kritische Liszt-Biographik, versteht sich von selbst. Es folgen drei Episoden aus dem Leben von Liszt, drei Schlaglichter zugleich auf sein Leben mit Frauen – Marie d'Agoult, Carolyne von Sayn-Wittgenstein und Olga Janina.

Die erste Episode führt in die dreißiger Jahre und zeigt den in den Zwanzigern stehenden Liszt in voller Blüte: als Pianisten, als Liebling der Pariser Salons, als Mann. Ende 1833, mit 22 Jahren, lernte er in einem Pariser Salon die mit dem französischen Grafen Charles d'Agoult verheiratete Marie d'Agoult kennen. Sie war die Tochter des aus Genf stammenden Grafen Alexandre Victor François de Flavigny und der aus der Frankfurter Bankiersfamilie Bethmann stammenden Marie Elisabeth Bußmann. Das Kind hatte eine zwischen Frankreich und Deutschland, zwischen Katholizismus und Protestantismus (und nicht zuletzt zwischen geliebtem Vater und ungeliebter Mutter) gespaltene Kindheit durchlebt und war 1827 standesgemäß verheiratet worden. Sechs Jahre später zog Marie einen Schlußstrich unter ihre krisenhafte Ehe und verband sich in »wilder Ehe« mit dem jungen Liszt, den sie in ihren Memoiren wie folgt beschrieb:

»Hochgewachsen und überschlank, ein bleiches Antlitz, mit großen meergrünen Augen, in denen plötzlich Lichter aufblitzen konnten, als träfe ein Strahl die Welle; leidende und doch gebietende Züge, unsicherer Gang, der mehr dahinglitt als schritt; zerstreute, unruhige Miene, wie die eines Phantoms, das jeden Augenblick in die Finsternis abgerufen werden kann.«

Die Episode im Leben Liszts, auf die es hier ankommt, spielte sich zwei Jahre später ab. Das Paar hatte Frankreich verlassen und war in die Abgeschiedenheit der Schweizer Alpen und Voralpen gezogen; dort entstanden die Klavierstücke *Album d'un voyageur*, die Liszt später zum ersten Band seines Zyklus *Années de pèlerinage* umarbeitete *(La Chapelle de Guillaume Tell; Au lac de Wallenstadt; Pastorale; Au bord d'une source; Orage; Vallée d'Obermann; Églogue; Le Mal du pays; Les Cloches de Genève)*. Im Winter 1835 ließ sich das Paar in Genf nieder, wo im Dezember die erste Tochter der beiden, Blandine, geboren wurde.

Liszt führte ein verhältnismäßig beschauliches Leben, das sich von seinen Pariser Monaten erheblich unterschied; Marie und das gemeinsame Kind bildeten sein Zentrum. Die einzige halbwegs öffentliche Wirksamkeit Liszts bestand im Unterrichten an dem neu gegründeten Genfer Konservatorium. Er komponierte viel, las, traf sich gelegentlich mit Freunden wie den Schülern Pierre-Étienne Wolff und Hermann Cohen, der sich selbst »Hermann« mit Nachnamen nannte und von Freunden gern »Puzzi« geheißen wurde – ein Spitzname, der wohl auf George Sand zurückgeht.

Cohen war Liszt nach Genf nachgereist und bemühte sich sogleich, sein Schüler zu werden – für Marie d'Agoult ein schmerzlicher Einbruch in die sorgsam gehütete Zweisamkeit. In ihren Memoiren läßt die Gräfin keinen Zweifel daran bestehen, daß die »fast stündliche Gegenwart« Hermanns sie verletzte, daß sie Rivalität mit dem jungen Pianisten verspürte. Hinzu kam, daß Puzzi nach dem Urteil Maries ein unmoralisches Leben führte und sich »Ausschweifungen« hingab, von welchen Franz gefährlich beeinflußt werden könnte. Cohen veränderte später sein Leben radikal und trat 1850 in den Karmeliterorden ein; er starb 1871 in Stettin, wohin er als Feldprediger französische Gefangene begleitet hatte. Aus Maries Perspektive betrachtet, begann mit dem Eintritt Cohens in Liszts Leben das Ende der Intimität, begann wieder eine Phase der öffentlichen Wirksamkeit: der »Verrat« an der Geliebten. Denn Liszt ließ sich offensichtlich von Cohen überreden, wieder zu konzertieren, und Cohen persönlich (der später ein bedeutender Kanzelprediger wurde) trug viel dazu bei, daß Liszts Ruhm sich in Genf verbreitete. Marie d'Agoult, die offiziell als von Liszt »entführt« galt und somit zum Schweigen verurteilt war, beobachtete diese Entwicklung mit gereiztem Unmut, sah Franz »kindische Triumphe« in den Genfer Salons feiern und beobachtete mit Argwohn, daß »der Glanz und das Geheimnis des Romans, dessen Held er war, aller Einbildung beschäftigten und die lebhafteste Neugier erregten«. Die Vermutung, Marie und sie allein habe an Liszts Leben teilnehmen wollen, ohne die Konkurrenz der »Welt« ertragen zu müssen, ist berechtigt; d'Agoults Memoiren bestätigen es. Am Ende der Beziehung, die nach 1835 lockerer wurde und 1844 ihren endgültigen Bruch erlebte, steht die resignative Einsicht Maries: »Die Welt, die ich verlassen, war nun sein Ziel geworden.«

Dies die Optik Marie d'Agoults. Wie aber sah Liszt die Dinge? Briefe aus jener Phase, in welcher Liszt mit Marie zusammenlebte, gibt es naturgemäß nur wenige. Aber sie geben doch Hinweise darauf, daß Liszt sich in einem Konflikt zwischen der Liebe von und zu Marie einerseits und seiner künstlerischen »Mission« andererseits befand. Zunächst fällt auf, daß er die Zweisamkeit in der Schweiz dadurch »unterwanderte« (ohne freilich manife-

Marie Gräfin d'Agoult. Gemälde von Heinrich Lehmann.

ste Eifersucht zu provozieren), daß er verschiedene Erlebnisse und Lokalitäten musikalisch nachbildete – im *Album d'un voyageur* –, die Intimität somit von Anfang an sprengte. Auch ist zu beobachten, daß Liszt die Rolle seiner Wirkung und seines Wirkens in der Öffentlichkeit Marie gegenüber zu verniedlichen versuchte. Am 25. April 1836 schreibt er ihr aus Lyon, wo er einige Konzerte gibt, unter anderem:

»Zwei alte Vettel (die eine ist Sängerin am Theater) laufen hinter mir her. Ich habe mir auf die Zunge gebissen, um nicht laut loszulachen, als ich sie tief grüßte. Sie kennen sie vielleicht? Ich glaube, es ist eine Schülerin von Herz, Fräulein F. – Fräulein Mérienne, die übrigens taub ist, soll heut mein Porträt beginnen. Das wird wieder viel verlorene Zeit werden. Ich tue es *wirklich* nur Ihretwegen. Ich meine, daß es Ihnen Freude machen wird, ein hübsches Bild del Cretino zu haben.«

Der Hintersinn dieser Äußerungen ist durchsichtig: Liszt versucht, über die »normale« Eifersuchtsproblematik hinaus, die Bedeutung der ihn bewundernden Personen und die Bedeutung der öffentlichen Anerkennung für sein Selbstwertgefühl insgesamt zu schmälern – seine Verehrerinnen sind als Frauen nicht ernstzunehmen, und noch die Ehre, porträtiert zu werden, wird umgemünzt in einen Liebesdienst an Marie. Was ihm als gefeiertem Künstler an öffentlicher Anerkennung widerfährt, darf nicht als solche gelten, sondern muß um der Liebe zu Marie willen umgedeutet werden – oder psychologisch gesprochen: Im Kampf zwischen der narzißtischen Befriedigung des Publikumshelden und der reifen Objektliebe obsiegt die erstere; nicht kampflos freilich, und die Kämpfe zwischen den beiden Strukturen – oder eben: Rollen – machen einen wesentlichen Teil der Problematik Liszts in den späten dreißiger Jahren aus.

Was Liszts Briefe nahelegen, sprach sein Handeln unmißverständlich deutlich aus. Als Liszt im Frühjahr 1838 in Italien von einer Hochwasserkatastrophe in Ungarn hörte, entschloß er sich spontan, in Wien eine Reihe von Wohltätigkeitskonzerten für die Opfer zu geben. Eine Woche wollte er in Wien verbringen; es wurden fast zwei Monate daraus: Sein überwältigender Erfolg, die Sympathie- und Ehrenbezeugungen aristokratischer Kreise, das viele Geld (*auch* für die Katastrophenopfer) – all dies hielt ihn in Wien zurück und ließ ihn sein Versprechen vergessen.

Noch im Januar 1839 war Liszt damit beschäftigt, das Unvereinbare auf einen Nenner zu bringen. Hätte er seinen Plan, von welchem die Memoiren der Gräfin unter dem Datum des 11. Januar berichten, realisiert, so hätte dies nun wirklich eine »Spaltung« seiner Persönlichkeit bedeutet, denn Liszt wollte, so Marie, »vier Monate des Jahres der Arbeit widmen und die übrige Zeit allein mit mir verbringen«. Vom Februar bis zum Juni des Jahres weilte er mit ihr in Rom; im Sommer arbeitete er. Aber schon am Jahresende trennten sich die beiden, und die Spur, die diese Beziehung hinterließ, war wenig erbaulich. 1846 erschien aus der Feder Marie d'Agoults, die sich als Schriftstellerin »Daniel Stern« nannte, der Schlüsselroman *Nélida* (Anagramm für »Daniel«), in welchem die Titelheldin als vollkommenes Wesen voller Herzensgüte und Geduld gezeichnet wird, während ihr zeitweiliger Liebhaber, der erfolgreiche Maler Guermann, hinter welchem die lesende Welt mit Recht sogleich Liszt vermutete, als amoralischer und charakterloser Geselle erscheint – der Schlußstein einer Beziehung, die im selben Maße verständnislos endete, wie sie emphatisch begonnen hatte.

Entwertet die Tatsache, daß d'Agoults Memoiren nach der Trennung von Liszt geschrieben wurden und daß ihr Roman *Nélida* von ihm ein dezidiert negatives Bild zeichnet, diese Texte als historische Quellen? Muß man Marie d'Agoult nur deshalb mißtrauen, weil sie Liszt »verriet«, weil sie *Nélida* noch nach der Wiederannäherung zwischen ihr und dem Helden 1866 neu auflegen ließ? Ernest Newman plädiert für eine moralisch wertfreie Sicht und versucht nachzuweisen, daß *Nélida* nichts anderes als die »fiktionale Form von Dokumenten« sei, und kann dafür eine Fülle von Belegen ins Feld führen. Er hält das schlechte Image der Gräfin als Zeugin von Liszts Leben für eine Folge ihrer Verteufelung durch Carolyne von Sayn-Wittgenstein und Lina Ramann, die als »offizielle« Liszt-Biographin der Prinzessin treu ergeben war. Auch Liszt selbst trug zur Ächtung d'Agoults als haßerfüllte Rächerin bei: Er mochte in ihren Memoiren nichts anderes als »poses et mensonges«, als schauspielerische Verstellungen sehen

– Haltungen, die er selbst zumindest ebenso kunstvoll beherrschte.

Eine zweite Frau in Liszts Leben schrieb ebenfalls einen Erfahrungsbericht in fiktionaler Form, der noch weniger das Vertrauen der Nachwelt fand als »Daniel Sterns« literarisches Werk: Olga Janina. Sie gehörte zwar nie zu den Lebensgefährtinnen Liszts im offiziell akzeptierten Sinn; eher ging sie als seine Verfolgerin der letzten Lebensphase in die Liszt-Biographik ein (Peter Raabe freilich verschweigt sie kurzerhand). Olga Janina trat 1869 in Liszts Leben. Sie war eine junge Italo-Russin, hatte in ihrer ukrainischen Heimat früh, mit 15 Jahren, geheiratet und Klavier studiert. Als sie nach brieflicher Anfrage 1869 zu Liszt nach Rom kam, wurde sie sogleich in seine informelle Klavierschülerklasse aufgenommen – als eine Person unter vielen. Liszt kritisierte ihr Klavierspiel hart und verletzt sie offensichtlich in ihrem Selbstbewußtsein derart, daß er sie am selben Abend noch privat herbeiruft; eine zärtliche Beziehung bahnt sich an. In den folgenden knapp zwei Jahren ist Janina Liszts ständige Begleiterin: freilich eine exzentrische Frau, dem Opiumgenuß verfallen, eifersüchtig gegen andere und voller Ehrgeiz, den Abbé unter ihre Fittiche zu bringen.

Auch Olga Janina ist adliger Herkunft, demokratisch eingestellt und ein willensstarker Charakter von hoher Intelligenz: Eigenschaften, die sie mit der Fürstin Sayn-Wittgenstein und der Gräfin d'Agoult (die Liszt einmal als »Don Juan parvenu« beschimpfte) und mit vielen seiner »Nebenfrauen« teilt. Offensichtlich erwartete Liszt von einer Gefährtin solche Superiorität, um dadurch seine vergleichsweise niedere Herkunft und seine Unbildung auszugleichen; geistige Führung auch für sein eigenes, zur Entgrenzung neigendes Wesen. Als Schriftstellerin trat Olga Janina mit dem Buch *Memoiren einer Kosakin* hervor, das sie 1874 unter dem Namen »Robert Franz« veröffentlichte (eine groteske Namenswahl, denn Robert Franz war auch der Name eines deutschen Komponisten, der mit Liszt persönlich bekannt war und für welchen dieser 1873 einen »Ehrenfonds« sammelte, um seine materielle Not zu lindern).

Janinas Memoiren teilen die Problematik der Schriften von

Marie d'Agoult: Man hielt sie für bösartige Entstellungen aus bloßer Rachgier, für sensationslüsterne Phantasien aus einem zutiefst verletzten und verstörten Gemüt. Genährt wurde das Mißtrauen gegen Janinas Darstellung vor allem durch einige spektakuläre Episoden, die schlecht zum Bild vom lebensabgewandten, spirituellen alten Liszt passen. »Herr***«, wie »Robert Franz« Liszt in den *Memoiren einer Kosakin* nennt, ähnelt freilich seinem Modell bis in Details der charakterlichen Konstitution und des Geschmacks; und es liegt fern, die Wiedergabe der Fakten zu bezweifeln, wenn die Zeichnung der Person sonst stimmt. Zu den extremsten Erzählungen in Janinas Memoiren zählen zwei Episoden, die überdies wenig günstig sind für die Autorin – und die Liszt alias Herrn*** als souveränen Sachwalter seines Lebens noch am Rande zum Tod zeigen.

Denn es geht um Mord. Zweimal will die Kosakin ihren Geliebten aus Eifersucht töten, zuerst mit einem vergifteten Dolch und später durch einen giftigen Trank. »Ein winziger Einstich«, so resümiert die »Kosakin« ihre Empfindungen, »und er wäre mein für alle Ewigkeit, denn wir würden unter demselben Leichentuch im selben Grab liegen ... Ich hielt den Dolch in meiner Hand und wartete auf sein erstes Wort. Es war ein Wort der Liebe. Er war gerettet.« Ihr erster Mordversuch an Liszt führte dazu, daß sie 1870 aus Weimar ausgewiesen wurde; nicht verhindern konnte man, daß sie Liszt erneut nach Pest folgte und, nachdem sie aus Geldmangel eine (ziemlich erfolglose) Konzertreise in die Vereinigten Staaten unternommen hatte, sie ihn wiederum in Pest aufsuchte. Diesmal hatte sie ihren Besuch brieflich angemeldet: sie komme, um ihn zu töten ... Als sie dann tatsächlich mit der Waffe in der Hand in sein Zimmer trat, verließ sie plötzlich der Mut. Sie nahm Gift, um sich zu töten; Liszt konnte sie aber überreden, ein (offensichtlich vorsorglich mitgeführtes) Gegengift einzunehmen. Als ob sie eine Episode aus Hector Berlioz' Unglücksliebe zu Harriet Smithson wiederholen wollte! Sie überlebte, verließ aber Pest; fortan ließ sie Liszt in Ruhe, abgesehen von den deutlich gegen ihn gerichteten *Souvenirs d'une Cosaque* und einer zweiten Schrift: *Mémoires d'un pianiste*, die wie eine Entgegnung Liszts aussehen sollten.

Erstaunen ruft zunächst Liszts Beherrschung der beiden prekä-
ren Mordversuche hervor; Erstaunen zum zweiten seine nicht
weniger souverän anmutende Verarbeitung der Janinaschen
Memoiren. Wenn die Darstellung von Robert Franz alias Janina
triftig ist, hatte Liszt bei beiden Mordanschlägen die Fassung
bewahrt, hatte er sich als unangreifbar erwiesen und seiner eifersüchtigen Angreiferin durch Großmut und sogar durch ein ein-
deutiges Liebeszeichen die Waffe aus der Hand geschlagen.
Nun ist solche Souveränität hier zum einen als geschicktes, tak-
tisches Verhalten zu erklären, zum andern aber auch dem Umstand zu verdanken, daß Liszt als der in Weimar vielfach von
Frauen Umworbene ganz real über große innere Stabilität verfügen konnte.

Dies könnte auch die noch stärker erklärungsbedürftige Tatsache interpretieren helfen, daß Liszt Janina gegenüber offensichtlich keine Haßgefühle hegte – nicht einmal suggerierte er solche
in Briefen an Carolyne von Sayn-Wittgenstein, die ja allen
Grund hatte, von Liszt Distanzierung von der »Kosakin« zu erwarten. Im Liszt-Zentenarjahr 1911 veröffentlichte Julius Kapp
einen Briefentwurf an die Fürstin aus Liszts Weimarer Notizbuch; ob der Brief jemals so geschrieben wurde, ist ungewiß,
denn er findet sich nicht in der achtbändigen Ausgabe der Liszt-
Briefe von La Mara. Die beiden Notizblätter enthalten Gedanken »vor der Lektüre« und »nach der Lektüre« von Janinas
Buch. Liszt zeigt große Bereitschaft, trotz der ihm widerfahrenen
Verleumdungen das »beachtenswerte und glänzende Talent als
Künstler und Schriftsteller wie ihre Erfindungsgabe« weiter zu
respektieren. Er nimmt ganz die Pose des über alles – selbst über
eigenen Schmerz – erhabenen Gönners ein; im Briefentwurf-Teil
»vor der Lektüre« nennt er die »Kosakin« in einem Atemzug mit
dem »Fall Nelida«, mit Marie d'Agoult und ihrem Schlüsselroman. Das bestätigt sich ihm »nach der Lektüre«, wo die Janina-
Erinnerungen »eine verdächtige Neuausgabe der Nelida« ge-
nannt werden. Hier nun stilisiert sich Liszt vollends als Opfer
exzentrischer Frauen, die »nicht des Geistes und einer gewissen
irreführenden Beredsamkeit entbehren«. Hatte er Olga Janina
nicht geliebt? Nein, sie hatte lediglich ihm Liebe gestanden, und

Carolyne Fürstin von Sayn-Wittgenstein.

er, der Uneigennützige, war der »dummen Versuchung« erlegen, »ihr irgendwie zu etwas nützlich sein zu können«. Seine Großherzigkeit war, mit andern Worten, schamlos ausgenutzt, seine Hilfsbereitschaft als Liebe mißdeutet worden. So einfach konnten die Dinge, zumal der selbst eifersüchtigen Fürstin Sayn-Wittgenstein gegenüber, zurechtgelegt werden; kein Wort wurde an den Gedanken verschwendet, Liszt selbst, seine unstillbare Gier nach Verehrerinnen und Liebhaberinnen, hätte die Janina täuschen, ihre fraglos unermeßliche Zuneigung dem Abbé gegenüber ausnutzen können.

Noch wenige Tage vor seinem Tod soll Liszt gesagt haben: »Die Janina war nicht schlecht, nur exaltiert.« Der Schlußsatz seines Briefentwurfs »nach der Lektüre« der *Souvenirs d'une Cosaque* lautet nur oberflächlich betrachtet negativer:

»Diese Art von kleinen Schlangen kann man nur bändigen, wenn man ihnen Wagen mit gepuderten Lakaien hält und ihre Schande zur Schau stellt.«

Erneut bestätigt sich Liszt als großmütiger Herr, der genau weiß, wie lästige Frauen, die ihn mit ihrer Liebe verfolgen, zu behandeln sind – auch wenn er zugibt, im Leben dieser harten Maxime nicht gefolgt und den »Schlangen« doch immer wieder erlegen zu sein.

Schlange und Schlangenbeschwörer – ein Bild, das man schwerlich als Metapher einer gelungenen Beziehung zwischen zwei Menschen bezeichnen kann. Freilich scheint Liszt den Horizont von Herrscherin und Beherrschtem nie transzendiert zu haben, auch wenn er die Rollen mitunter vertauschte. Der Fürstin Sayn-Wittgenstein – und damit ist die dritte wesentliche Frau in seinem Leben ins Visier genommen – pflegte er sich wenigstens verbal in einer Weise zu unterwerfen, die es nahelegt, das Bild von der zweigeschlechtlichen Schlangenbeschwörung in umgekehrter Richtung zu verwenden. Liszt selbst sanktioniert dieses Verfahren; er verglich sein Verhältnis zu Carolyne in einem am 31. Januar 1874 im ungarischen Horpacs geschriebenen Brief mit dem eines Hündchens zu einem Löwen. Die ganze, im Original französische Briefstelle lautet:

»Geistig werde ich Ihnen immer nahe sein, wie dieser kleine

Hund, den ich kürzlich im Pariser Jardin des Plantes gesehen habe, im Käfig eines prächtigen Löwen. Der Kleine war glücklich, das Gefängnis des Königs der Wälder teilen zu dürfen – so wie ich!«

Solche Unterwürfigkeit prägt viele der veröffentlichten späten Liszt-Briefe an Carolyne von Sayn-Wittgenstein. Die häufige Signatur »sclavichon« oder »sclavissimo« ist eine Spur davon; auch das häufige Insistieren auf seiner »Unwürdigkeit« der Fürstin gegenüber oder seine – freilich niemals näher erläuterte – Sündhaftigkeit, vor welcher ihn nur sein Namenspatron Franz von Paula erretten könne. Der von Einsamkeit, Selbstzweifeln und Depressionen heimgesuchte alte Abbé nahm nicht selten – brieflich, weil er viel reiste und die Fürstin in Rom seßhaft war – Zuflucht bei der als »heroisch und sublim« vergötterten Frau, gestand ihr das Schwinden seiner Erfindungskraft und seine grundlose Traurigkeit mit dem *Christus*-Zitat »Tristis est anima mea« (Brief vom 15. Juni 1877 aus Weimar).

Darin nur ein Moment subjektiver Ehrlichkeit und Zutraulichkeit zu Carolyne zu sehen wäre freilich eine Halbierung der Wahrheit. Liszt benutzte sie – wenn man es grob ausdrücken will – auch ganz handfest als Mahnerin und Animateurin seiner kompositorischen Arbeit; er brauchte ihre Ermutigung und wohl auch ihren Tadel. Das heißt nicht, daß Carolynes ständige Ermahnungen, doch wieder mehr zu komponieren, immer Erfolg gehabt hätten. Das Oratorium *St. Stanislaus,* das »catholisch und polnisch« werden sollte als Komplement zur »ungarischen« *Elisabeth-Legende,* ist das gewichtigste Monument für das Scheitern der Zusammenarbeit der beiden tief gläubigen Menschen. Schon im Juni 1873 klagte Liszt, die Arbeit an diesem Oratorium auf einen Text des Weimarer Hoftheater-Intendanten Franz von Dingelstedt sei ins Stocken geraten. Von da an reißt die Arbeit an der *Stanislaus-Legende* nicht mehr ab, aber sie führt nicht zur Vollendung des Werks. Noch 1882 versprach Liszt, die Komposition im Sommer des nächsten Jahres abzuschließen; aber bis 1885 waren nur Skizzen komponiert, und *Die Legende vom heiligen Stanislaus* blieb (ebenso wie ein Luther-Oratorium) trotz – oder untergründig gerade wegen – der motivierenden Beteiligung der Fürstin Sayn-Wittgenstein unfertig. (Bischof Stanislaus von Krakau war 1079 unter persönlicher Mitwirkung von König Boleslaw II. am Altar der Kirche in Skalka bei Krakau ermordet und später gevierteilt worden, angeblich wegen Hochverrats. Der Legende zufolge soll sein geviertelter Körper wieder zusammengewachsen sein – Metapher für die Sehnsucht nach Einheit, die viele Bürger des in zahlreiche Bezirke und Fürstentümer zersplitterten Polen bewegte.)

Mögen die von La Mara herausgegebenen Briefbände Liszts an die Fürstin Sayn-Wittgenstein noch so sehr von der Zensur ungünstiger Passagen entstellt und vom Willen nach Idealisierung beider Briefpartner geprägt sein – sie lassen doch in einigen der 1245 veröffentlichten Schreiben Liszts an Carolyne Momente unverstellter Wahrheit durchschimmern, die sich zu einem Bild der inneren Beziehung Liszts zur Fürstin verdichten. So dürfte es kaum abwegig sein, in Liszts tiefer Devotion gegenüber der acht Jahre jüngeren Frau auch Züge posenhafter Verstellung zu erblicken – nach der von Nietzsche gefundenen Sentenz: »Wer sich erniedrigt, will erhöhet werden.«

Zweifellos bewunderte Liszt die Bildung und schriftstellerische Potenz der Fürstin, die in jenen siebziger Jahren ihr bis auf 24 Bände angeschwollenes theologisches Hauptwerk *Causes intérieures de la faiblesse extérieure de l'eglise (Innere Ursachen für die äußere Schwäche der Kirche)* verfaßte. Freilich gelang es ihm nicht ganz, diese Bewunderung unmißverständlich zum Ausdruck zu bringen. Wenn er einmal den geistigen Abstand zwischen sich selbst und der Fürstin in einem Bild ausdrücken wollte, so geriet ihm die Erklärung schief, mischte sich ein Moment von nur halb verhohlener Verachtung bei.

»Unsere beiden Patrone«, schrieb er ihr am 14. Januar 1877 aus Budapest, »erklären am besten unsere Meinungsverschiedenheiten. Sie schweben in der Luft, und ich wate in der Tiefe. Ich halte mich an den Minimen [Franz von Paula] – und Sie entsprechen dem Großen [dem heiligen Karl Borromäus], der herrschen und regieren muß! Warum diskutieren? Sie werden notwendigerweise recht haben. Verzeihen Sie mir nur, daß ich mich nicht durch die symbolische Menagerie der Löwen, Adler,

Bären, Wölfe, Füchse und Schlangen in Erstaunen versetzen lasse. Das Gebrüll und die falschen Töne der einen bezaubern mich nicht mehr als das Geheul und Gezische der andern!«

Nachdem er die theologisch-spekulative Symbolsprache der überproduktiven Schriftstellerin Carolyne von Sayn-Wittgenstein dergestalt ironisierte, setzt Liszt in einem Brief vom 23. August des folgenden Jahres zu einem kaum weniger problematischen Bild an, in welchem sich wiederum glaubhafte Devotion und im Grunde süffisante Ironie trüb vermischen. Auf Carolynes Briefe antwortend, schreibt Liszt, Franz von Assisi zitierend:

»Sie fahren fort zu singen ›Contenta, contenta son io‹ – und wie zur Begleitung wählen Sie die Maxime: ›Die Kreuze genügen nicht, man braucht noch Dornen!‹ Ihre Kreuze beschwert und die Büschel ihrer Dornen vermehrt zu haben bleibt die große Enttäuschung meines Lebens! Der heilige Franziskus und andere Heilige wälzten sich lustvoll in den Dornen – ich hätte sie nachahmen sollen, aber ich bin nur bis zu den Disteln gelangt, den Lieblingspflanzen der Esel! Vielleicht werde ich sie am Ende noch essen, genauso wie Meister Langohr!«

Das Spiel mit musikalischen Formen

Kann die Neigung zu – bewußtem oder unbewußtem – Rollenspiel auch in der Musik von Franz Liszt nachgewiesen werden? Die Frage ist so schlicht und naheliegend, daß ihr doppelter Boden zunächst verborgen bleibt. Denn Musik ist keine voraussetzungslose Kunst, und sie ist trotz ihrer Begriffslosigkeit »Spiel«: Masken, Verstellungen, Variationen sind ihr Lebenselement. Sein Leben lang schrieb Liszt Musik, die in dieser Weise »Rollen« durchspielt; »Veränderungen«, also Variationen, waren seine erste Komposition, die der Elfjährige über einen Walzer von Anton Diabelli verfaßte, und ein »Impromptu« über Themen von Gioacchino Rossini und Gaspare Spontini folgte 1824. Die Kette solcher Paraphrasen und Variationen reißt bis in Liszts Altersjahre nicht ab; er hatte Spaß am Verarbeiten und Verfremden des Materials anderer – und das Publikum hatte ihn auch: keine Besonderheit im Zeitalter der virtuos-brillanten Klaviermusik, die gern mit dem »déjà entendu«-Effekt bekannter Melodien verblüffte.

Auch Liszts häufige Stilwechsel können nicht umstandslos als Belege für ein spezifisches »Rollenspiel« in seiner Musik genommen werden. Bisweilen veränderte er sein Idiom unmittelbar in Parallele mit – oder als Konsequenz von – negativen Reaktionen der Fachkritik. Dieter Torkewitz hat im Frühschaffen Liszts eine derartige Bruchstelle ausgemacht und analytisch beschrieben. Nachdem Liszt das Stück *Harmonies poétiques et religieuses,* die Frühfassung der später *Pensées des morts* genannten vierten Nummer des *Harmonies*-Zyklus, und die erste *Apparition* für Klavier geschrieben hatte, wandte er sich vom Stil der beiden 1835 im Druck erschienenen Miniaturen ab.

Deren kompositorische Idee besteht in einem neuen Verhältnis von (nicht quadratisch-schematischer) Form und emanzipiertem harmonischen Inhalt; die traditionellen kompositorisch-ästhetischen Normen sind fast vollständig außer Kraft gesetzt. Doch die beiden Stücke nehmen, so Torkewitz, »in ihrer Gesamtheit eine musikgeschichtliche Ausnahmestellung ein«; Liszt ging den mit ihnen eingeschlagenen Weg der Emanzipation von den Vorgaben des guten »Handwerks« nicht weiter. Mit den *Apparitions Nr. 2* und *3* schrieb er bereits wieder verhältnismäßig konventionelle Musik. Wahrscheinlich war die Rezeption in der musikalischen Öffentlichkeit für diesen neuerlichen Stilwandel verantwortlich; selbst wohlwollende Kritiker wie der Rezensent Franz David Christoph Stöpel in der Leipziger *Allgemeinen Musikalischen Zeitung* sprachen von der »höchsten Eigenthümlichkeit« und Schwierigkeit dieser Musik, nicht ohne davor zu warnen, daß sich mit solch »extravagantem und phantastischem Treiben« in der Öffentlichkeit keine Lorbeeren und nicht einmal »würdige Anerkennung« erringen ließen.

Ein anderer Wandel in Liszts Komponieren vollzieht sich in den frühen sechziger Jahren. Er steht, grob gesprochen, biographisch im Vorfeld seiner religiösen Rolle als weltpriesterlicher Abbé und seines Ortswechsels nach Rom. Damals glaubte Liszt, vom Papst die Erlaubnis zur Heirat mit der (geschiedenen) Fürstin Carolyne von Sayn-Wittgenstein endlich zu erhalten – vergeblich; möglicherweise rechnete er auch damit, mit einem hohen kirchenmusikalischen Amt als vatikanischer Kapellmeister oder Komponist beehrt zu werden. Im September 1863 schrieb Liszt in einem Brief – und dies ist wiederum ein Beleg für seine äußerst bewußte Wahrnehmung eigener Biographie:

»Der römische Aufenthalt ist für mich kein beiläufiger; er bezeichnet sozusagen den dritten Abschnitt – (wahrscheinlich den Abschluß) meines oft getrübten, doch immerhin arbeitsamen und sich aufrichtenden Lebens. Ich bedarf also einer geraumen Zeit, um mit mehreren langwierigen Arbeiten und mit mir selbst ein gutes Ende zu nehmen.«

Damals – Liszt zog im Juni 1863 ins Oratorianerkloster »Madonna del Rosario« auf dem Monte Mario, verbrachte in der Folgezeit aber die Sommermonate gern in der Villa d'Este in Tivoli – entstanden Kompositionen wie die beiden *Franziskus-Legenden* für Klavier, die *Legende von der heiligen Elisabeth*, die *Variationen über »Weinen, Klagen, Sorgen, Zagen«*; das Oratorium *Christus* wurde begonnen und die *Missa choralis* für Chor und Orgel. Daß es sich fast ausnahmslos um geistliche oder religiös inspirierte Werke handelt, verwischt den stilistischen Wandel, den Riß, der mitten durch diese Werke führt; auch eine Betrachtung der geographischen »Bezugspunkte« bringt wenig Klärung, denn Liszt schrieb in den fünfziger und auch in den sechziger Jahren sowohl Stücke auf italienische Sujets als auch solche nach ungarischen Themen.

Betrachtet man nun ein Werk dieser Übergangsphase genauer, so wird man gewahr, daß Liszts musikalische Sprache sich nicht in der Art eines abrupten Paradigmenwechsels veränderte, sondern daß ältere und jüngere Elemente in ein qualitativ vielleicht fragwürdiges, jedenfalls aber kompositorisch interessantes Wechselverhältnis traten: Der Begriff des kompositorischen Rollenspiels wäre grob vereinfacht, bezöge man ihn bloß auf die vollständige Veränderung einer »Sprache«, die sich ohnehin nur evolutiv, nur in allmählicher Wandlung erneuern kann.

Liszt schrieb seine Variationen über das chromatisch absteigende Baßmotiv (Liszt sagt »Basso continuo«, präziser wäre

»Basso ostinato«) von Johann Sebastian Bachs *Kantate »Weinen, Klagen, Sorgen, Zagen«* BWV 12 von 1714 im Jahre 1862; der Klavierfassung folgte 1863 die bekannter gewordene Orgelversion, und beiden Fassungen war 1859 das kürzere *Präludium über »Weinen, Klagen . . .«* vorausgegangen. Das Motiv, das Bach dem Chorsatz »Weinen, Klagen . . .« zugrunde legte (und das er für das »Crucifixus« seiner *h-Moll-Messe* wiederverwendete), muß einen kompositorischen Vertreter der »romantischen Harmonik« fasziniert haben – zugleich aber läßt sich vorstellen, daß ein stärker in der klassischen »Wiener« Tradition stehender Komponist (wie etwa Johannes Brahms) damit wenig hätte anfangen können; denn das Motiv scheint keinerlei thematisch-logische Entwicklung, allenfalls die Erfindung charakteristischer Gegenmotive zuzulassen. Bei Bach ist es auf c-Moll bezogen und beschreibt einen chromatischen Abwärtsgang von f nach c; Liszt zitiert es in verschiedenen Tonarten und verändert bisweilen den Schluß:

Dieser Präsentation der gleichsam nackten Themengestalt sind sieben Takte vorgeschaltet, die das Motiv in der Oberstimme vorwegnehmen und es in den Unterstimmen ausharmonisieren. Die Entwicklung in diesen zwölf Anfangstakten ist also die einer Reduktion, einer Verringerung der Stimmenzahl, der harmonischen Dichte und damit des »Ausdrucks« – ein ganz anderes Verfahren, als es Liszt in seiner *Fantasie* (oder in seinem *Präludium*) *über B-A-C-H* praktizierte, wo er das thematische Hauptelement zwar ebenfalls zuerst einem harmonischen Deutungsprozeß unterwirft und mächtig mit unaufgelösten Dissonanzen auflädt, um es dann freilich in glitzerndes Skalenspiel und brillante Figurationen aufzulösen, sozusagen die angestaute Spannung sich entladen lassend.

Solches Brillieren, solches Imponieren auch mit virtuosen Figuren, ist in der Phase des Umbruchs, welcher die »*Weinen, Klagen* ...«-*Variationen* zugehören, nicht mehr umstandslos möglich.
Und eine chromatische Linie in aller Schlichtheit und Ausge-
dünntheit stehenzulassen – auch dies ist Liszt erst möglich geworden, nachdem er (nicht zuletzt auch mit der B-A-C-H-Kom-
position) die Welt der losgelassenen Virtuosität durchlebt und –
wenn das Wort erlaubt ist – durchkomponiert hatte. Dabei hätte
sowohl das Bachsche Kantatenthema als auch die von Liszt gewählte Variationenform durchaus Raum gegeben für ausgrei-
fende Virtuosität; und die Art und Weise, wie Liszt diese ver-
wirft, um sie in sublimierter Gestalt doch wieder zuzulassen,
macht den Reiz der Übergangsstellung dieses Werks aus. Denn
er behandelt das erst einmal für sich hingestellte chromatische
Motiv zuerst, ähnlich wie Bach in seinem Kantatensatz, als
Grundlage einer Passacaglia; in allmählicher Steigerung und
Erweiterung treten Gegenlinien, eigentliche Kontrasubjekte,
hinzu, der Satz verdichtet sich und reichert sich an, wird rhythmisch komplexer (Punktierungen, Triolen). Die tonartliche
Grundlage des Themas – die Komposition ist als ganze auf
f-Moll bezogen – scheint zu schwanken, genauer: zu oszillieren
zwischen f, Des (Mediante) und As (Durparallele zu f-Moll).
Auch die Periodenbildung weicht von der vier- beziehungsweise
achttaktigen Norm ab; nicht selten finden sich neben der viertak-
tigen Grundgestalt des Themas fünftaktige und andere Perioden.
Nachdem Liszt alle Register des virtuosen, aber auch des lyrischen und rezitativisch aufgelockerten Orgel- oder Klavierspiels
gezogen hat, macht er dem Werk durch ein als Apotheose wirkendes Choralzitat ein Ende. Zwar kann sich das Zitat des Chorals
»Was Gott tut, das ist wohlgetan« auf Bach selbst berufen (der
den Choral im chorischen Schlußsatz seiner *Kantate* verwendet);
aber es wirkt bei Liszt auch als Ausweg, als Erlösung von einem
stets in sich kreisenden, durch keinen schlüssigen dramaturgischen Plan bestimmten Verschieben eines für sich nicht recht
entwicklungsfähigen Materials. Die Kühnheit, es beim Umher-
drehen und -wenden des Themas zu belassen, besaß Liszt damals noch nicht, ebensowenig wie er ein Werk »sans tonalité« zu

schreiben wagte; und daß auch die Periodenbildung einen Kompromiß zwischen Regelmäßigkeit und Freiheit eingeht, zeigt den Abstand auf, den diese Bach-Variationen nicht nur vom Spätwerk, sondern auch vom Frühwerk der taktfreien *Harmonies poétiques et religieuses* trennen.

Versuchte man, die Form dieses Klavier- und Orgelwerks in ein Schema zu pressen, so wäre »Passacaglia, Adagio (Lento) und Choral« zumindest eine akzeptable Verlegenheitslösung; freilich ein Titel, der eher zu Max Reger als zu Liszt passen würde und in der Landschaft der Klavier- und Orgelliteratur um 1860 ziemlich erratisch dasteht. Felix Mendelssohn-Bartholdy hätte vielleicht ähnliches als »Sonate« bezeichnet – nicht ohne aber die Autonomie der einzelnen Sätze zu belassen. Liszt indes verschmilzt sie zu einem einzigen, und es ist nicht einmal ausgemacht, daß sein Formkunstgriff als Addition dreier (oder mehrerer) Einzelbestandteile adäquat zu begreifen ist. Gerade dies freilich verhilft dem Stück zu einem Maskenhaften, Schillernden, das kaum Zufallsergebnis, sondern systematisch erstrebte Wirkung ist. Die Gewißheit, an der oder jener Stelle sich hörend in einem langsamen Satz, in einer Durchführung oder einer Reprise zu »befinden«, wird systematisch verweigert: Die »Sätze« gehen ineinander über und verlieren darüber ihre klare Funktion.

Von einer Art musikalischer Travestie zu sprechen dürfte der Sache nicht unangemessen sein – Verwandlungs- und Verkleidungskunst, die Bekanntes neu einkleidet und Neues unter dem Deckmantel des Vertrauten einschmuggelt. Viel konsequenter noch als in diesem geistlich inspirierten Werk hatte Liszt in einigen früher komponierten Klavier- und Konzertstücken solche Einheit in der Mannigfaltigkeit oder Mannigfaltigkeit in der Einheit angestrebt. Der herkömmlichen Mehrsätzigkeit größerer Werke überdrüssig, ersann er kompaktere Formen, integrierte die Mehrsätzigkeit in die Einsätzigkeit, damit die Beliebigkeit bloßer Potpourris vermeidend und doch deren buntscheckige Vielfalt erreichend. 1849 vollendete er als Schlußstein seines zweiten, Italien gewidmeten »Jahrgangs« des großen Reisezyklus *Années de pèlerinage* die »Fantasia quasi sonata« mit dem

Obertitel *Après une lecture de Dante*. Eine Frühfassung dieses Werks war noch zweisätzig; in der endgültigen Gestalt sind die Sätze zur Einheit verschweißt. Vorformen dieser Integrationstendenz bilden die beiden *Klavierkonzerte,* deren zweites, das *A-Dur-Konzert,* in Wirklichkeit vor dem ersten entstand (1839), vom Komponisten aber 1849 entscheidend umgearbeitet wurde.

Ihre gültigste Ausprägung aber fand die Idee, mehrere Sätze in einen einzigen zu integrieren, in der *Klaviersonate h-Moll,* geschrieben in Weimar in den Jahren 1852/53. Die ersten Hörer und Analytiker des Stücks spürten wohl, daß sie es mit einem kompositorischen Wurf zu tun hatten, der sich schwerlich auf die eingeschliffenen Schemata reduzieren ließ. So unternahm der Rezensent der *Neuen Zeitschrift für Musik,* Louis Köhler, im Juli 1854 den gewagten Versuch einer programmatischen Deutung; er spricht vom »reichen, vielbewegten Lebensbild eines Heldengeistes, der Kraft genug in sich fühlt, es mit einer Welt voll Kämpfen aufzunehmen«, der kämpft und ringt, liebt und leidet, um am Ende, obzwar Besiegter, doch als Sieger zu triumphieren ... Nach dieser blumig-phantastischen Schilderung bekennt Köhler: »Ich fühle wohl, ich habe hier viel gesprochen, doch Nichts gesagt« – wie wahr! Eduard Hanslick, der Großmeister des musikalischen Formalismus und Klassizismus, sprach von einer »Genialitätsdampfmühle«, von »raffiniertem, frechem Aneinanderfügen der disparatesten Elemente« – und traf damit, wenngleich in gehässigem Ton und negativ-kritischer Absicht, doch wiederum ein Wahres.

Denn Liszt spielte mit der *h-Moll-Sonate* nicht zuletzt jenen gelehrten Hörern einen Streich, die beckmesserisch Schulbuchformen an ein Stück neuer Musik anzulegen pflegten, um es durch Reduktion auf Bekanntes möglichst griffig zu kategorisieren. In der bald 140jährigen Rezeptionsgeschichte der *Sonate* von Liszt ist im Grunde von Anfang an alles umstritten, alles kontrovers gewesen, was sich vorstellen läßt. Bereits die Zahl und Bedeutung der tragenden Themen: Noch ein so intimer Kenner und phänomenaler Interpret der Musik Liszts wie der chilenische Pianist Claudio Arrau verblüffte die Fachwelt mit der Auffassung, die *Sonate* entwickle sich aus einem einzigen Motiv und sei überdies als programmatische Schilderung des Faust-Stoffes zu verstehen. Die akademischen Musikanalytiker immerhin haben sich weitgehend darauf geeinigt, daß das h-Moll-Werk sich in seinen 760 Takten auf fünf tragende Themen stütze: eine nach der »Zigeunertonleiter« absteigende Leiter, ein energisches Kleinterzenthema, eine markante, später lyrisch gefärbte Repetitionsfigur (die, mit Arrau, tatsächlich etwas »Mephistophelisches« zu haben scheint), ein »grandioso« bezeichnetes Apothesethema, dessen melodischer Umriß übrigens, gregorianisch gewandet, in der Gloria-Fuge »Cum sancto spiritu« von Liszts *Graner Festmesse* wiederkehrt, und zuletzt ein sangliches Andantethema, das all dem Schicksalsgetöse ein paar lyrische Episoden hinzufügt. Deutlich klingt in diesem Werk schon Liszts Synthese von Ungartum, Katholizismus und avanciertem Komponieren an – eine gelungene Objektivierung seiner Persönlichkeit, die Liszt gerade deshalb glücken konnte, weil er sich ohne programmatischen Zwang dem Komponieren hingab.

Über die Art und Weise, wie diese thematischen Bausteine zu einem Ganzen verknüpft sind, und über das Wesen dieses Ganzen herrscht nach wie vor beträchtliche Uneinigkeit. Immer wieder versuchen Musikwissenschaftler, den Stein der Weisen zu finden und das »Geheimnis« der Form dieses pianistischen Hauptwerks von Liszt zu lüften. Peter Raabe, der verdienstvolle Liszt-Biograph, mystifizierte das Formproblem um die *h-Moll-Sonate* eher, indem er von der »Form der neapolitanischen Sinfonia« sprach – wie wenn Liszt mit diesem Werk schlankweg am klassisch-romantischen Anspruch vorbeikomponiert hätte. *Daß* er sich gerade diesem Formanspruch stellte, ist ansonsten kaum strittig; *wie* er es tat, jedoch schon. Schrieb er einen viersätzigen Sonatenzyklus, dessen vier Bestandteile er miteinander verband? Daß der Anfangsteil kopfsatzartig anmutet (mit mehreren tragenden Themen), daß sich mit dem Andante sostenuto ein langsamer, lyrischer »Satz« und mit der Allegro-energico-Fuge ein scherzoartiges Gebilde anschließen und daß der Schlußteil vor der Coda wie ein Finale wirkt, das sich freilich bekannter Materialien bedient – wer möchte es bezweifeln? Doch ebenso plausibel ist die Interpretation des riesigen Satzes als breit ausgeführter

Sonatenhauptsatz in der seit Joseph Haydn dafür verbindlichen Form (mit Exposition, Durchführung und Reprise).

Die Frage nach der Großform der *h-Moll-Sonate* gehört zu jenen Fragen, denen man durch eindeutige, enge Antworten weniger gerecht wird als durch die Konstatierung einer Formambivalenz. Selbst diese Auffassung freilich wird man näher zu begründen haben, indem man die einander wie durchsichtige Folien überlagernden Formmuster benennen und die Bruchstellen analysieren wird. Es wird daraus resultieren, daß Liszt mit der *h-Moll-Sonate* einen zur Einsätzigkeit komprimierten Viersätzer schuf, dessen innere Einheit so stark ist, daß sich das Werk mit gleichem Recht auch als genuin einsätziger Sonatensatz hören und verstehen läßt.

Der vorsichtig programmatischen Deutung Arraus sei damit keine Absage erteilt; sie hat als Korrektiv allzu »formalistischer« Liszt-Auffassung ihre Geltung – wenngleich man daran zweifeln darf, der Rückbezug der Sonate auf Faust, Gretchen und Mephisto habe »unter Liszts Schülern als selbstverständlich gegolten«, wie Arrau in einem seiner unter dem Titel *Leben mit der Musik* (Bern/München/Wien 1984) erschienenen Gespräche mit Joseph Horowitz äußerte.

Wenn es auch schwerlich gelingen wird, dem musikalischen Text die Faust-Geschichte als Handlung zuzuordnen, so erinnert doch die stete Thementransformation in diesem Werk an Mephistos Verwandlungskünste. Allein das Zigeunerleiter-Thema der ersten Takte – es stand übrigens für Liszt nicht von Anfang an fest, sondern zeigt in seinen frühen Skizzen noch ein ganz anderes, aufsteigendes Profil – erscheint im Verlauf der »Handlung« immer wieder anders. Dies gilt auch für die übrigen Zentralthemen, am deutlichsten wohl für das dritte thematische Element, das bei seinem ersten Auftreten als »diabolisches« Meckern in tiefer Klavierlage erscheint (forte, marcato). Nach ungefähr 150 Takten ist sein »schwarzer« Charakter ins Gegenteil verkehrt; jetzt bildet es »cantando espressivo« die melodische Oberstimmenkontur eines triolisch arpeggierten Piano-Klaviersatzes. Hier trete, kommentiert Arrau, der »sinnliche Aspekt« von Faust und Gretchen zutage – und macht damit auch klar, daß er die

Hauptthemen der *Sonate* nicht als Wagnersche, personenbezo-
gene Leitmotive mißversteht. Versteht man das Stück als großen
Sonatensatz, so wäre hier das Seitenthema zu vermuten. Im Folgenden deutet sich eine neuerliche Metamorphose des Motivs
an. Nach abermals 100 Takten wird es, in der rechten Hand des
Klavierspielers, akkordisch gepanzert und peitscht die Musik
»incalzando« (drohend) zu immer wilderer Kraftentladung; Arrau spricht davon, daß sich hier Faust von seiner »männlichen
Seite« offenbare. Neben diesen auffälligsten Veränderungen des
Themas in charakterlicher Hinsicht gibt es eine Vielzahl gewissermaßen farblicher Nuancierungen, erreicht durch Oktavie-
rung (so im Quasi-Adagio-Abschnitt des »langsamen Satzes«),
unterschiedliche harmonische Einfassung, andere Tempi und
Dynamikwerte oder gar durch Modifikationen des diastemati-
schen Tonbestands.

Von einem »Rollentausch« zu sprechen, den die thematischen
Hauptbestandteile der *Sonate* wechselseitig durchmachen, ist
keine gewagte programmatische Aufladung eines Stücks »absoluter« Musik: Es ist analytisch nachweisbare Realität, und man
wird kaum fehlgehen, dieses große Liszt-Werk als eine Bühne zu
betrachten, auf welcher sich eine Anzahl handelnder »Personen«
in stetiger Metamorphose bewegen. Daß Liszt aber zweimal, mit
der *Klaviersonate* und mit der *Faust-Symphonie,* in wahrhaft großen
und komplexen Werken den Stoffkreis der Faust-Gestalt betrat
(von anderswie bedeutsamen Werken wie den vier *Mephisto-Wal-
zern* zu schweigen), fordert zu einer These heraus, die nun nicht
mehr innermusikalisch akzentuiert sein kann: Die Thematik der
in sich zersplitterten, das Gute wie das Böse und das Tatkräftige
wie das Passive umfassenden Faust-Figur muß seine kompositorischen Kräfte aufs äußerste aktiviert haben. Oder anders gewendet: Die künstlerische Darstellung seiner eigenen seelischen
Struktur (und was anderes wären gelungene Kunstwerke?) muß
durch die faustische Rollenvielfalt aufs höchste inspiriert worden
sein.

Das Leben als Kunstwerk. Liszt und die Romantik

Ein romaneskes Dasein

Über kaum einen Komponisten sind so viele romanhafte Darstellungen und Romane geschrieben worden wie über Franz Liszt, darunter so vielgelesene und -übersetzte wie Zsolt Harsányis *Ungarische Rhapsodie* von 1936. Dafür allein den Ereignisreichtum und die Fülle spektakulärer Wendungen in seinem Leben verantwortlich zu machen wäre oberflächlich. Liszt scheint solcherart erzählendes Vorgehen seinen Biographen insofern nahegelegt zu haben, als er sein Leben offensichtlich wie ein literarisches Kunstwerk begriff und gestaltete. »Was für ein Roman ist doch mein Leben!« – dieser Ausspruch Napoleons könnte von ihm stammen. Nicht einmal die Vorstellung, daß ein Mensch sein Leben nach dem Muster eines wirklichen Romans zu bestimmen versuchte, wäre nach dem (für viele tödlichen) Muster der *Werther*-Manie um 1800 vollends absurd – stünde dem nicht grundsätzlich der Originalitätsanspruch einer Figur vom Format Liszts entgegen. Wäre Goethes *Faust* im Sinne einer kontingenten Handlung nacherzählbar, so wäre dies ein Muster gewesen, welchem nacheifernd man sich Liszt vorstellen könnte.

Mindestens in einem Teilabschnitt seines Lebens bediente sich Liszt tatsächlich eines Romans als »Cicerone« einer Reise und, soweit dies möglich ist, als Leitfaden seiner Empfindungen. Im Sommer 1836 sehen wir ihn an der Seite der Gräfin Marie d'Agoult Teile der südlichen und westlichen Schweiz mit einem damals vielgelesenen Roman in der Tasche durchwandern: mit Étienne Pivert de Senancours Briefroman *Oberman,* erstmals veröffentlicht im Jahre 1804. Oberman, dessen Aufzeichnungen der »Herausgeber« Senancour bloß zu veröffentlichen vorgibt, ohne sie selbst geschrieben zu haben (eine dichterische Verstellung, die bis zur Konsequenz distanzierender Fußnoten durchgeführt wird), Oberman also ist in der Alpenwelt auf der Suche nach Selbsterfahrung; »allein, frei, ohne bestimmtes Ziel«, immer wieder in seltsamer Faszination und zugleich vor Schrecken erstarrend angesichts seiner inneren Leere, seiner Langeweile: vor dem »ennui«. Befriedigung findet er nicht im Gedanken an Familienglück und reale Bezugspersonen und nicht in der Sorge um seine Geschäfte in Paris, denen er sich bisweilen wieder zuwendet; allenfalls der Gedanke an eine fremde und fremd bleibende Frau und das Träumen über der wild durchfurchten Bergwelt bringen ihm vorübergehend Beruhigung – denn der »ennui« ist kein schlichter Zustand des Nichtseins oder der erfüllten Leere, sondern quälende Signatur des Unerfülltseins, der Beliebig- und Belanglosigkeit.

Im zweiten Band des *Oberman,* den Liszt seinem Freund Frédéric Chopin zu schenken beabsichtigte, heißt es (in der deutschen Übertragung von Jürg Peter Walser):

»Vielleicht zwölf- oder fünfzehnmal habe ich im Traum eine Gegend in der Schweiz gesehen, die ich schon früher kennengelernt hatte; aber jedesmal, wenn ich im Traum dort vorbeikomme, erscheint sie mir völlig anders, als sie in Wirklichkeit ist, und immer ganz so, wie ich sie das erstemal geträumt habe. – Vor einigen Wochen habe ich ein entzückendes Tal gesehen, das meinen Wünschen so vollkommen entsprach, daß ich zweifle, ob es dergleichen in Wirklichkeit gibt.«

Näher beschrieben wird eine derartige Vision im dritten »Fragment« des ersten Bandes:

»Denk dir eine klare weiße Wasserfläche. Sie ist weit, aber umgrenzt; ihre längliche, leicht gerundete Form dehnt sich gegen den Winter-Sonnenuntergang. Majestätische Bergketten mit hoch aufragenden Gipfeln umschließen sie auf drei Seiten. [...] Das Tal liegt im Dunst und beginnt zu verdämmern. Südwärts legt sich die Nacht auf den See, den der finstere Gürtel der schrecklichen Felsen umfängt, und darüber wölbt sich der eisige

Dom, der in seinem Froste das Tagesgestirn wie zurückhält. Seine letzten Strahlen vergolden die vielen Kastanienbäume, droben auf den felsigen Klippen [...]. Es ist ein Augenblick des Vergessens, der Entrückung. Man weiß nicht mehr, wo der Himmel ist, wo die Berge sind, weiß nicht, wovon man getragen wird; man verliert das Gefühl der Höhe, der Horizont entfällt; das Denken ist verändert, die Empfindung ganz neu, du hast das gewohnte Leben verlassen.«

In Liszts großem Klavierstück *Vallée d'Obermann* aus seinem *Pèlerinage*-Zyklus den unmittelbaren musikalischen Reflex einer solchen poetischen Naturvision zu suchen wäre verfehlt: Gerade weil der Senancoursche *Oberman* in den dreißiger und vierziger Jahren für Liszt das Buch war, »das stets meine Leiden betäubt«, dürfte er davor zurückgeschreckt sein, es unmittelbar als Kompositionsvorlage zu benutzen. Aber er schuf mit dem *Oberman*-Stück das Klima von melancholischer Indifferenz (auf die das von ihm gewählte Motto aus *Oberman* hinweist) gleichsam neu, das Oberman literarisch evoziert; wobei es sicherlich nicht übertrieben »realistisch« wäre, in den chromatisch fallenden Akkorden und in der entwicklungsunfähig wirkenden Thematik dieses Stücks (das formal eher aus unterschiedlichen Bauteilen zusammengekittet als im Sinne thematisch-motivischer Arbeit »entwickelt« anmutet) ein klingendes Äquivalent zu der von den Romantikern so innig beschriebenen »Indifferenz« zu sehen.

Wenn denn also in der Liszt-Literatur des öfteren die »Naturferne« dieses Künstlers behauptet wird, so ist die Einschränkung notwendig: Die subjektiv durchglühte, als menschliches Spiegelbild verstandene »Natur« eines Senancour war ihm mitnichten fremd, wenngleich er wahrscheinlich kein ausgeprägtes Sensorium für die Natur um ihrer selbst willen besaß.

Der erste »Jahrgang« (»Suisse«) des Zyklus *Années de pèlerinage* entstand 1835/36 und wurde von Liszt zwischen 1848 und 1854 im Sinne seines neuen, konzentrierteren Klangideals überarbeitet. Einige andere Kompositionen aus den frühen dreißiger Jahren belegen indes, daß Liszt sich durchaus auch mit andern Aspekten der französischen Romantik als mit der Senancourschen Naturmystik auseinandersetzte. Daß manches aus jenen

Jahren Fragment geblieben ist, beweist nur, daß es Liszt nicht leichtfiel, »Ideen« in Musik umzusetzen – zum Beispiel das Gedankengut des Abbés Félicité Robert de Lamennais, der 1817 mit seinem großen *Essai sur l'indifférence* die Auffassung begründete, die Forderung nach menschlicher Freiheit müsse auch von der Religion – somit von deren institutioneller Trägerin, der Kirche – unterstützt werden. Musikalisch schien Liszt mit dem Stück *Essai sur l'indifférence,* das er in seinem Skizzenbuch der Jahre 1829–33 skizzierte, einen ungemein kühnen Wurf im Sinn zu haben: Die erhaltenen Takte enthalten geradezu impressionistisch verschobene verminderte Septakkorde, die fast gewaltsam in einen durch das Tritonusintervall c-fis definierten Rahmen gespannt sind; vielleicht brach der Komponist das Stück aufgrund dieses Widerspruchs zwischen tonaler Loslösung und starrer Tonalität ab.

Eine mögliche Verbindung des »Oberman«-Themas mit Lamennais blitzt in einem der Briefe Liszts an Marie vom Juli 1834 auf. Es ist wiederum ein Zeugnis für die »Literarisierung« des Lebens von Liszt, denn er schreibt der Gräfin, er sei nach einem Vormittag der seelischen Irrungen und Wirrungen »zu Obermann gegangen«, weil er glaubte, »in ihm alle meine alten Tage der Verzweiflung und der elenden Angst *personifiziert* und in verklärter Vergrößerung zu sehen«. Meint er tatsächlich den Autor des *Oberman*-Briefromans – oder dialogisierte er gar mit dem Roman selbst? Die Fortsetzung des Briefes könnte die Vermutung nahelegen, er habe mit seinem Freund Lamennais in La Chênaie (Normandie) gesprochen, der soeben seinen Bruch mit der römischen Kirche vollzogen hatte, indem er auf die gegen ihn gerichtete päpstliche Enzyklika »Mirari vos« mit den *Paroles d'un croyant* antwortete. »Wir haben«, heißt es in dem Brief weiter, »wieder über das Christentum gesprochen, unser gewöhnliches Thema.« Oberman war für Liszt zum Symbol, zum (idealen oder realen) Gesprächspartner über die »romantischen« Fragen geworden – ein Stück Literatur trat in sein Leben und wurde für ihn höchst real.

Neben dem Briefroman *Oberman* war Liszt in den dreißiger Jahren von einem zeitgenössischen Prosaepos fasziniert, dessen

Titel sogleich an Liszt als den Getriebenen, den Herumzigeu-
nernden, den Ruhelosen und an solcher Rastlosigkeit Leidenden
denken läßt: Edgar Quinets 1833 erschienenes Buch *Ahasvérus*.
Liszt erwähnt das Werk zweimal in seinen Briefen an Marie
d'Agoult. Das erstemal, in einem Brief vom 18. Dezember 1833
(was Liszts Vertrautheit mit der aktuellsten Literatur bezeugt),
spricht er von seiner »Krankheit«, für welche »das arme Tier in
mir einen Instinkt zu haben scheint«. Ein Zitat aus *Ahasvérus*
dient ihm dazu, sein Leiden näher zu umschreiben:

»Um offen zu reden, eine seltsame Krankheit arbeitet und
wühlt ohne Pause in uns. Wie soll ich sie nennen? [...] Jeden Tag
belebt sie das Herz von neuem, um sich besser an ihm zu sättigen.
Es ist der *Zukunftsschmerz,* ein scharfer, nie schlummernder
Schmerz [...]. Im Grunde unsrer Seele fühlen wir schon, was sein
wird. Die Schwere dessen, was nicht ist, lastet auf unsern Wünschen. Nicht die Schwäche unsres Denkens ist es, die uns tötet,
sondern sein Übermaß, sein Mißverhältnis zum Leben. Es ist die
Last der Zukunft, die in der Leere der Gegenwart ertragen werden muß!«

Einige Wochen darauf kommt Liszt in einem weiteren Brief an
Marie erneut auf *Ahasvérus* zu sprechen:

»Ich habe gestern einige Bruchstücke aus *Ahasverus* (der Dichter – und die Auftritte mit Rahel) wieder gelesen, ich fühle auch
ein wenig von diesem tiefen Glanz in mir strahlen und sage mir,
daß ich noch mehr als fröhlich sein würde, wenn ein bißchen
weniger Kleinmut in meinem Herzen wäre, aber das wäre zuviel
– dann könnte ich nicht mehr leben.«

Der Liszt-Biograph Peter Raabe fällte ein hartes Urteil über
Liszts Beflissenheit, berühmte Männer und ihre literarischen
Werke kennenzulernen: Dies sei die Neigung des »Unreifen«, sein
eigenes Wesen eklektisch mit Versatzstücken der Philosophien
anderer zu bereichern. Freilich hat Liszts Quinet-Lektüre mit
bloßer Bildungsbeflissenheit wenig zu tun, und es ist eher anzu-
nehmen, daß er sich im Ahasver-Epos wiedererkannte, als daß er
sein Denken dadurch verändert hätte. Zum einen mußte ihm die
Tendenz des Epos zur ausladenden Breite eines die Menschheits-
geschichte umfassenden Mythos – das Werk beginnt mit der Er-

schaffung der Welt und endet mit dem Jüngsten Gericht – faszinieren; die Thematik kam seinem religiösen Grundlagendenken und die Form seinem Hang zum Monumentalen entgegen (noch 1855 fesselte ihn die Idee, ausgehend von Gemälden Wilhelm von Kaulbachs eine gigantische »Weltgeschichte in Bildern und Tönen« zu schaffen). Zum andern war es ganz unmittelbar die Figur des »Ewigen Juden«, die ihn identifikatorisch anzog. Wobei man sich fragen kann, worin für Liszt eigentlich das Verbindende bestanden haben mag: Ahasver wird in Quinets Darstellung von Christus zu ewiger Wanderschaft verdammt, weil er ihm auf dem Kreuzweg jede Hilfe verweigerte. Für dieses tiefe Schuldgefühl in Liszt ist ein rationaler Grund nicht zu sehen – allenfalls sein jugendlicher »Verrat« an Gott durch den Verzicht auf das Priesteramt. Jedenfalls schreibt er noch im Jahre 1834 an Marie, in seinem Herzen sei »gewöhnlich ein unbestimmbares Gefühl von Reue, das mich dumpf und nach Belieben quält«.

Ahasvérus ist auch ein Epos vom Absterben der Götter, ein dichterisches Pamphlet für einen dynamischen Religionsbegriff, in welchem verschiedene Entwicklungsstufen des Göttlichen von der beseelten Natur ausgehend in ihren Übergängen dargestellt werden. Diese Dynamisierung des Religiösen entsprach dem, was Liszt intuitiv wollte – und was er doch niemals klar auszusprechen imstande war. Überdies verkörpert für Quinet der Mensch das »lebendige Wort« der Natur – und der Künstler, der Dichter, vermag die Chiffren der Natur zum Sprechen zu bringen. Diese Idee mag Liszt, der damals um ein wahres, das heißt nicht vom Diktat des Massengeschmacks beherrschtes Künstlertum kämpfte, Auftrieb gegeben haben. Ahasver indes erfährt Trost nur durch die Frau, durch die junge Rachel, die ihre Begleiterin, die den Tod verkörpernde Mob, um seinetwillen verläßt.

Möglicherweise meinte Liszt jene Stelle im vierten »Tag« des Epos, wo Ahasver Rachel die prinzipielle Unerfüllbarkeit seiner Wünsche bekennt:

»Das Übel kommt nicht aus mir, sei dessen gewiß; aber hier kann ich nicht gesund werden. Wenn ich am meisten dir gehöre und mein Herz in deinem atmen fühle, dann sausen meine Ohren, und eine Stimme ruft mir zu: ›Weiter! Weiter! Schreite voran

Franz Liszt, 1820. Lithographie nach einer Zeichnung von Ferdinand von Lütgendorff.

bis zu meinem Liebesmeer.‹ [...] Wenn meine Lippen deinen Atem getrunken haben, habe ich noch mehr Durst, und dieselbe Stimme ruft: ›Weiter! Weiter!‹ Geh bis zu meiner Quelle; und wenn ich dich an meine Brust drücke, sagt mir meine Brust: ›Warum ist dies nicht die unendliche Jungfrau, die im Himmel wohnt?‹‹‹

Liszts Faszination durch die Gestalt des Ahasver hat noch eine entscheidende andere Komponente. Der »Ewige Jude« ist bereits im Schöpfungsbericht des Alten Testaments angelegt, wenn Gott – in der Übersetzung von Martin Buber und Franz Rosenzweig – zu Abram sagt: »Geh vor dich hin aus deinem Land, aus deiner Verwandtschaft, aus dem Haus deines Vaters / in das Land, das ich dich sehn lassen werde.« Orientierungsloses Getriebensein – das »vor sich Hingehen« – und Auserwähltsein sind untrennbar ineinander verschränkt, und wenn Liszt die »Last der Zukunft« auf sich spürt, so beansprucht er damit zugleich eine besondere Mission, eine Stellung außerhalb der Normalität des Lebens.

Angedeutet findet sich dieses Sendungsbewußtsein in Briefen an Marie d'Agoult aus dem Jahre 1833. Einmal verwahrt sich Liszt hier gegen den von gutem Menschenwillen diktierten Vorschlag, er möge doch weniger arbeiten und mehr ausruhen: »Darf ich Ihnen dasselbe antworten wie der Jansenist Arnauld auf Nicoles Aufforderung, seine Arbeit wenigstens für kurze Zeit zu unterbrechen: ›Ja, haben wir nicht die ganze Ewigkeit, um auszuruhen?‹‹‹ – die Antwort eines wie Ahasver rastlos getriebenen Menschen. Wenig später »signiert« er einen Brief mit dem Vers eines ungenannten Dichters:

»Dessen Seele unbeirrbarem Kompaß gleich
Stets nach unbekanntem Pol strebt«

– erneut Umschreibung Ahasverischen Irrens und ziellosen Wanderns.

In Liszts Liedschaffen findet sich aus dem Jahr 1847 ein späterer Reflex auf seine frühe Ahasver-Lektüre. Damals vertonte er ein Lied des französischen Dichters Pierre Jean de Béranger: *Le Juif errant* (Raabe-Verzeichnis 585). Das bisher unveröffentlichte Lied wird unvollständig im Weimarer Liszt-Museum aufbewahrt, ebenso zwei (vollständige) Abschriften in der Instrumentierung von August Conradi.

Kunst des einzelnen, Kunst des Volkes

Mitte der dreißiger Jahre sehen wir Liszt einem romantischen Zwiespalt ausgesetzt, dem Dilemma zwischen gleichsam aristokratischem Genie-Künstlertum und dem Wunsch, als echter christlich-sozialer Romantiker eine Kunst des Volkes oder wenigstens eine Kunst für das Volk zu befördern. Seine Herkunft aus dem Beamtenstand stempelte ihn weder zum Aristokraten noch zum Demokraten; sie ließ beides offen und gelten. Doch hatte die frühe Wunderkind-Karriere Franz Liszt systematisch den Kreisen aristokratischer Kunstfreunde zugeführt; deren Bildungsideal machte er sich rasch und dauerhaft zu eigen. In den dreißiger Jahren liest Liszt eine Unmenge von Literatur, kommuniziert und korrespondiert mit den geistigen Größen der Pariser Künstler- und Intellektuellenszene. Ein Brief vom 2. Mai 1832 an Pierre Wolff in Genf evoziert geradezu die Vorstellung eines geistigen Trainings analog zu Liszts pianistischen Studien:

»Seit 14 Tagen arbeiten mein Geist und meine Finger wie zwei Verdammte – Homer, die Bibel, Platon, Locke, Byron, Hugo, Lamartine, Chateaubriand, Beethoven, Bach, Hummel, Mozart, Weber sind alle um mich herum. Ich studiere sie, meditiere, verschlinge sie wütend; außerdem übe ich vier bis fünf Stunden täglich Klavier ...«

Damals lag die Komposition einer *Symphonie révolutionnaire* für Orchester schon zwei Jahre zurück – eines durch Beethovens *Wellingtons Sieg* op. 91 angeregten Werks, das freilich in kosmopolitischem Geist die Klangsymbole der Völker nicht kriegerisch aufeinanderprallen lassen, sondern sie harmonisch verbinden sollte: ein slawisches Hussitenlied, den protestantischen Choral *Ein feste Burg ist unser Gott* und die französische *Marseillaise*; das Werk blieb unvollendet. Auch Mitte der dreißiger Jahre engagierte sich Liszt auf der Seite der Unterdrückten. Angeregt durch seinen Freund Lamennais und durch sein eigenes Studium vor allem der Schriften Claude Henri de Saint-Simons identifizierte sich Liszt mit dem Schicksal der Lyoner revolutionären Arbeiter, die im April 1834 erbitterte Straßenkämpfe gegen das soziale System führten, das für ihre Armut verantwortlich war. Liszt, von Gerechtigkeitsgefühl und Trauer erfüllt, schrieb daraufhin ein Klavierstück, das zugleich zu den engagiertesten Stücken seiner gesamten Produktion und zu den harmonisch kühnsten Entwürfen seines Frühwerks zählt: *Lyon*, Lamennais gewidmet und mit dem Arbeitermotto »Vivre en travaillant ou mourir en combattant« versehen. Es ist – durch den rhythmischen Gestus und die überaus prägnante musikalische Thematik – eindeutig ein Marsch, dessen kompositorische Verfahrensweisen allerdings die plakative Einfachheit eines typischen Marschs weit hinter sich lassen. Für einmal scheint das (später von Walter Benjamin auf den Begriff gebrachte) Postulat, die politische Tendenz eines Kunstwerks könne nur »stimmen«, wenn auch seine immanent-technische Tendenz fortgeschritten sei, von einem Musiker begriffen zu sein – freilich nur vorübergehend, denn Liszt strich das Klavierstück *Lyon* wieder aus dem ersten Teil seines *Album d'un voyageur*, dessen Auftakt es ursprünglich bildete. Heute ist das Stück weitgehend vergessen und wird nur gelegentlich von pianistischen Raritätensammlern aufgegriffen.

Liszts soziales Engagement trug auch literarische Früchte. 1835 verfaßte er in Genf die sechsteilige Aufsatzfolge *Zur Stellung der Künstler (De la situation des artistes,* erschienen in der *Gazette musicale de Paris),* eine Kampfansage an den bürgerlichen Kon-

zertbetrieb wie an das kulinarische Genießertum der aristokrati-
schen Salons, die vermutlich von Marie d'Agoult mit verfaßt
worden ist. Die Studie will die These erhärten, daß die soziale
Stellung der Musik und der Musiker noch nie so tief gewesen sei
wie in der Gegenwart und daß dieser Mißstand nur durch eine
gründliche Revision des gesamten Musikbetriebs »an Haupt und
Gliedern« zu beheben sei: Die Konservatorien müßten ihren en-
gen chauvinistischen Geist ablegen (unter dem Liszt persönlich
zu leiden hatte: wurde er doch vom Pariser Conservatoire-Direk-
tor Luigi Cherubini aufgrund seiner ungarischen Staatsangehö-
rigkeit zurückgewiesen), die Opernhäuser ihren blinden Konser-
vatismus, die Konzertgesellschaften ihren provinziellen Dilettantismus und die musikalische Kritik ihre routinierte Gleichgültigkeit.

Bereits im Jahre 1834 hatte Liszt, wahrscheinlich ebenfalls gemeinsam mit Marie d'Agoult, ein »Fragment« verfaßt, dessen
Titel zunächst als Rückfall von der fortgeschrittenen Position Lamennais' interpretiert werden könnte: *Über zukünftige Kirchenmusik*. Hatte nicht Lamennais gelehrt, zwischen der Kirche als
realer, mit allen Schwächen einer Machtinstitution ausgestatteten Instanz der »Welt« und der Religion als wahrer, innerer
»Macht« zu unterscheiden? Fiel Liszt damit nicht wieder in den
Pragmatismus zurück, der sich mit den Gegebenheiten zu arran-
gieren versteht, wenn er ein Ziel verfolgt?

Keineswegs. Liszt spricht nicht von der Musik der beste-
henden oder für die bestehende Kirche, er meint nicht die liturgi-
sche Gebrauchsmusik:

»Obwohl man unter diesem Wort gewöhnlich nur die während
der gottesdienstlichen Ceremonien in der Kirche übliche Musik
begreift, gebrauche ich es hier in seiner umfassendsten Bedeutung.«

Kirchenmusik, das ist für ihn die Musik einer Kirche, die es
noch nicht gibt – oder, was fast das gleiche ist, die es nicht mehr
gibt. Denn einst, so Liszt, drückte der Gottesdienst »die Bekenntnisse, die Bedürfnisse, die Sympathien der Völker miteinander
aus«, war überdies »ein Schauspiel«, das die »Sinne erfrischte«
und das »Herz zu heiligster Verzückung erhob«. In der Gegen-

wart aber »erbebt und wankt der Altar«, »dienen Kanzel und religiöse Ceremonien dem Spötter und Zweifler zum Stoff«; vorbei ist die Zeit des allgemeinen Konsensus und der fraglosen Harmonie zwischen Kirche und Welt.

An dieser Stelle wäre eine andere Konsequenz denkbar als jene, die Liszt zieht: das gesteigerte Selbstbewußtsein der Kirche, minoritär, aber im Besitz der Wahrheit zu sein; und, damit verbunden, eine andere, vielleicht elitäre und wenig massenwirksame, aber eben »wahre« Kirchenmusik. Liszt indes formuliert den Begriff der Kirche um, indem er ihn utopisch mit der Welt verschmilzt: Nicht länger sollen Spiritualität und Massenwirksamkeit, soll Glaube und Leben im Widerspruch stehen, und Aufgabe der Musik ist es, »Volk und Gott als ihre Lebensquelle zu erkennen«, »von einem zum andern zu eilen, den Menschen zu veredeln, trösten, läutern und die Gottheit segnen und preisen«.

Die solcherart dem Menschen zugewandte »neue Musik« heißt »musique humanitaire«. »Diese Musik«, postuliert Liszt, »sei weihevoll, stark und wirksam, sie vereinige in kolossalen Verhältnissen *Theater* und *Kirche,* sie sei zugleich dramatisch und heilig, prachtentfaltend und einfach, feierlich und ernst, feurig und ungezügelt, stürmisch und ruhevoll, klar und innig.«

Die Beschreibung scheint wie abgezogen von der in jenen Jahren konzipierten geistlichen Musik von Hector Berlioz, und Liszts Artikel endet denn auch mit der Beschwörung der *Marseillaise* als Vorstufe zu der idealen Kirchenmusik und einem Gedanken von revolutionärem Utopiegehalt:

»Alle großen Künstler, Dichter und Musiker werden ihren Beitrag zu diesem volksthümlichen, sich ewig verjüngenden Harmonieschatz spenden, [...] und *alle Klassen* werden sich endlich verschmelzen in Einem religiösen, großartigen und erhabenen Gemeingefühl. Dieses wird das *fiat lux* der Kunst sein!«

Die humanistische Gleichheitsidee, soziales Engagement (siehe auch *Lyon!*) und der einem darstellenden Künstler eingeborene Drang, die Massen zu ergreifen, fügen sich in diesem Fragment zur einzigartigen Konfiguration zusammen.

Liszts soziales Engagement in Theorie und Praxis, sein Leben inmitten rauschender Gesellschaften, seine Vertrautheit mit ihn umjubelnden Massen – all dies kontrastiert mit einem Lebensgefühl, das ihn immer wieder heimsuchte: Einsamkeit. Sie war nicht etwa nur eine Erscheinung von Liszts Alter, wo er sich zurückzog von den Konzertsälen und von den Lebensgefährtinnen. Sie fällt als Schmerz der inneren Isolation in Liszts bewegteste und erfolgreichste Jahre. »Ich bin allein; ich war immer allein«, schreibt er im selben Brief vom 18. Dezember 1833 an Marie d'Agoult, in welchem er seine Ahasver-Stimmung niederschreibt, und er schreibt diesen Satz in deutscher Sprache – der größere Teil dieses Briefs ist, wie das meiste an Marie, französisch verfaßt. Als er im April 1838 in Wien eine Anzahl von Konzerten zugunsten der Opfer der Hochwasserkatastrophe in Ungarn gab, notierte er in einem der zahlreichen Briefe an Marie inmitten stolzer Erfolgsmeldungen:

»Ich habe hier keine Freunde gewonnen, bin aber immer von einem sehr zahlreichen Hof umgeben. Mein Zimmer wird nicht leer. Ich bin die große Mode.«

Der Verdacht, derlei Mitteilungen sollten bloß die stets latent vorhandene Eifersucht der Gräfin beschwichtigen, greift zu kurz. Zumindest übersieht dieses Argument, daß die Einsamkeit in der Masse einen wesentlichen Bestandteil von Liszts Philosophie des Künstlers bildete – und diese Philosophie verfocht er ganz unabhängig von seiner Beziehung zu Marie d'Agoult. Schon in seinem dritten, an George Sand adressierten *Reisebrief eines Baccalaureus der Tonkunst*, datiert mit 30. April 1837 (Paris), nennt Liszt die Bestimmung des Künstlers »traurig und groß«:

»Nicht er wählt seinen Beruf, sondern sein Beruf wählt ihn und treibt ihn unaufhaltsam vorwärts. [...] Der Künstler steht allein. Werfen ihn die Ereignisse in den Schoß der Gesellschaft, so schafft seine Seele sich inmitten des unharmonischen Treibens eine undurchdringliche Einsamkeit, zu der selbst die Menschenstimme keinen Eingang mehr findet.«

Im Künstler – und im öffentlich wirksamen Podiumskünstler in besonderem Maß – vermischen sich Macht und Elend, Aufgehobensein in der massenhaften Anerkennung und Einsamkeit. Als Liszt in den späten dreißiger Jahren zwischen der Fortsetzung seiner Virtuosentätigkeit und einem Wechsel ins Fach des Dirigenten schwankte, reflektierte er auch über den Sinn und die psychischen Kosten des Virtuosendaseins. In einem Brief an Lambert Massard kommt er in diesem Zusammenhang auf die Art und Weise der Wirkung des Künstlers auf die Phantasie der Menschen zu sprechen, und dabei benennt er eine Eigentümlichkeit künstlerischen Handelns als ausübender Musiker: die Übertragung seiner eigenen »Phantasie« auf eine Masse, somit ein auktoriales, kreatives Moment, das den Künstler folgerichtig der Masse enthebt:

»Dann fühlt er sich als König über alle diese Geister, dann fühlt er den Funken göttlicher Schöpferkraft: denn seine Töne schaffen Erregungen, Gefühle, Gedanken! Es ist nur ein Traum – ja, aber ein Traum, welcher die Existenz des Virtuosen adelt.«

Königtum – gottähnliche Kreativität – adelsgleiche Stellung des Virtuosen: lauter Insignien machtvoller, aber einsamer Verfassung.

Geistesaristokratie und Engagement

»Sich über den Ruhm, die Religion, die Liebe, über alles in der Welt lustig zu machen ist ein großer Trost für die, die nicht wissen, was sie beginnen sollen. Dadurch verhöhnen sie sich selbst; doch wenn sie sich damit auch tüchtig die Leviten lesen, so geben sie sich letzten Endes doch recht. Und dann ist es so süß, sich für unglücklich zu halten, obwohl man doch im Grunde nur leer und verdrossen ist.«

Alfred de Musset hat über diesen Geisteszustand, das so geheißene »mal du siècle«, ein ganzes Buch geschrieben, die *Bekenntnisse eines Kindes seiner Zeit* (1836). Er zeichnet die Lebens- und Leidensgeschichte eines jungen Mannes nach, der von innerer Leere und Langeweile, von »ennui« und »indifférence« heimgesucht wird, aber auch von einem merkwürdigen Stolz über die eigene Funktionslosigkeit in der Gesellschaft und von eigentlicher »Liebe zum Unglück« erfüllt ist. Frankreich war der Nährboden dieses Lebensgefühls einer ganzen Generation junger

Künstler und Intellektueller, die im Bürgerkönigs-Staat keinen Sinn in politischem Engagement und im merkantil orientierten Kapitalismus – »enrichissez-vous!« war die halboffizielle Staatsmaxime – keinen Sinn in der Arbeit fanden.

Auch aus Franz Liszts Briefen der mittleren dreißiger Jahre weht ein Hauch von Byronismus, von weltschmerzlichem »mal du siècle« – einer Krankheit, die bei vielen paradoxerweise zu künstlerisch äußerst bemerkenswerten Ergebnissen führte. Tiefe Traurigkeit und Selbstzweifel empfand der äußerlich so Erfolgreiche in Paris, als er der entfernten Geliebten Marie d'Agoult von seinem »stumpfen und verhaßten« Dasein schrieb, das wie vom »Alpdruck eines zum Tode Verurteilten« beschwert sei, und von den »Foltern« einer »hohlen und abgründigen Langeweile« (1834, 1836).

Sein Entschluß, sich – wenn auch nur vorübergehend – vom Konzertbetrieb zurückzuziehen und ganz in und mit der Liebe zu einer Frau zu leben, steht in Zusammenhang mit diesem Überdruß am »öffentlichen« Leben. Zugleich entsprach dieser Rückzug ins Private einem spezifisch künstlerischen Bewußtsein, das viele Intellektuelle jener Zeit mit Liszt teilten: dem Bewußtsein, einer »Aristokratie des Geistes« und somit keiner Gesellschaftsklasse anzugehören, weder faktisch noch ideell. Diese Haltung barg trotz ihres apolitischen Selbstverständnisses ein gewisses revolutionäres Potential – denn wer sich nur geistigen oder künstlerischen »Gesetzen« unterworfen fühlt, wer die Autonomie der Kunst von allem gesellschaftlichen Fungieren ernsthaft verfolgt, wird jenen sozusagen den Aufstand in der Kunst vorzeigen, die ihn in der politischen Wirklichkeit durchführen können – nicht zufällig sprach Robert Schumann von »unter Blumen eingesenkten Kanonen«, als er über die Musik Chopins und ihr Verhältnis zur Wirklichkeit reflektierte.

Liszts Einstellung zur reinen Geistesaristokratie war indes nicht ungebrochen. Er war als Mensch viel zu extrovertiert, um dauerhaft auf gesellschaftliche Anerkennung und auf massenhaft gespendeten Ruhm zu verzichten, wie es zum Beispiel Chopin tat (in seinem Chopin-Buch von 1852 erwähnt Liszt dessen »Entsetzen vor der Masse« gleich an mehreren Stellen). Zurückgezogenes Aristokratentum konnte für ihn nur eine Rolle sein, die er annahm und wieder ablegte. Dies hinderte ihn freilich nicht daran, auf die Aristokratie des Geistes zu rekurrieren, wenn es galt, die soziale Lage der Künstler zu verbessern. In seiner Aufsatzfolge *Zur Stellung der Künstler* (1835) beklagt Liszt heftig die sozial untergeordnete Stellung der Musik und der Musiker, die sich in den voraufgegangenen zwei Jahrhunderten zunehmend verfestigt hatte. Er beschwört den antiken Musikbegriff, der von Ehrfurcht vor der Macht der Kunst erfüllt war und der die Musik nicht als bloße Unterhaltung, sondern als Wissenschaft begriff. Die Realität der Gegenwart, so Liszt, biete das Negativbild solcher Wertschätzung; die verbreiteten, zum Teil offiziellen Anfeindungen gegen das Genie Berlioz sind ihm ein Beispiel für den Tiefstand der Musik in der gegenwärtigen Gesellschaft. Und Liszt erwähnt die revolutionäre Charta von 1830, die die »Aristokratie des Geistes« proklamiere, für Musik und Musiker aber keinen Platz habe: Zwar seien Dichter in Regierungsämter ernannt worden, niemals aber Musiker – ein Indiz für die Mißachtung der »sozialen Aufgabe« der Musiker.

Für Liszt ist also die Geistesaristokratie eher ein Programm, an dessen Idee die schlechte Realität zu messen und zu kritisieren ist, als eine Haltung, die er für sich persönlich in Anspruch nähme. Sein eigenes kunstpolitisches Handeln zeigt ein Engagement, das dem strikten Geistesaristokraten fremd sein müßte. Liszt proklamiert die Gründung eines »allgemeinen Weltverbands« der Musiker, der die zeitgenössische Musik fördern, die soziale Stellung der Künstler heben und das musikalische Ausbildungswesen demokratisieren solle. Während die romantische Exzentrik also zur gewöhnlichen Mode wurde, ging Liszt den neuen Weg des sozialen Engagements.

In manchem ähnelt dieser Entwurf dem Programm der »Davidsbündler« um Schumann, die sich ungefähr zur selben Zeit formierten. Allerdings war dieser halb reale, halb imaginäre Bund lokal begrenzt, und ihm fehlte ein programmatisches Moment, das für Liszt und die französische Romantik typisch ist: die soziale Dimension des Engagements des Künstlers. Liszt fordert in seinem Entwurf zu einem Musiker-Weltverband ausdrücklich die »Einführung des Musikunterrichts in den Volksschulen, seine Verbreitung in andere Schulen und bei dieser Gelegenheit das Ins-Leben-Rufen einer neuen Kirchenmusik«. Hinter dieser Forderung steht ein neuer Begriff des Künstlers überhaupt, den Liszt an anderer Stelle expliziert. Im zweiten Artikel macht er sich eine Definition des Künstlers von Jean-Jacques Rousseau zu eigen, die das Künstlertum insgesamt in drei Klassen einteilt: in ausführende, schaffende und lehrende; auf die Musik bezogen: in Interpreten, Komponisten und Unterrichtende. Freilich kann sich diese Systematik schwerlich auf Rousseau berufen, der gerade den Lehrerberuf nicht unter die künstlerischen »Klassen« rechnet – um so bedeutender aber muß er für Liszt gewesen sein!

»Möge der Künstler der Zukunft froh und freudig auf eine eitle, egoistische Rolle verzichten« – dieser Satz aus Liszts Nekrolog auf den am 27. Mai 1840 verstorbenen Niccolò Paganini wirkt paradox angesichts der Tatsache, daß Liszt selbst keineswegs uneitel war und nicht ohne Grund als »Paganini des Klaviers« gefeiert wurde; Paganini galt Liszt bei aller Bewunderung als »letzter Repräsentant« des egozentrisch-virtuosen Künstlertyps. Seine Absage an den »Egoismus« in der Kunst hatte allerdings einen Aspekt, der diese Kritik durchaus glaubhaft macht: Liszts Engagement als Lehrer.

Denn daß Liszt im Alter seiner Biographin Lina Ramann (die in Nürnberg eine Musikschule unterhielt und mehrere musikpädagogische Bücher verfaßte) öfter seine »Ungeschicklichkeit in Sachen der Pädagogik« bekannte, war sicherlich einerseits pure Koketterie. Andererseits hatte Liszt tatsächlich eine tiefe Abneigung gegen die in normierten Studiengängen festgefrorene Pädagogik der Konservatorien. Er war stolz darauf, kein Professor zu sein, und brüstete sich gern mit solcher »Bescheidenheit«. Sein Haß gegen Konservatorien gründete sicherlich in der eigenen negativen Erfahrung: Er war 1823 von Cherubini vom Pariser Conservatoire ferngehalten worden, weil er ungarischer und nicht französischer Nationalität war. Diese frühe Enttäuschung wirkte lange in ihm nach. Noch 1885, ein Jahr vor seinem Tod, konnte er in Weimar eine Privatschülerin mit dem »Kompliment« loben, sie habe Schumanns *C-Dur-Fantasie* so entzückend

Franz Liszt, 1847. Gemälde von Miklós Barabás (Museum der schönen Künste, Budapest).

gespielt, daß sie es verdient hätte, gleich von mehreren Konservatorien abgewiesen zu werden.

Eine Ausnahme von seiner Konservatorienabstinenz machte Liszt nur in den Jahren seiner stärksten Verbundenheit mit Ungarn, als er sich in den späten sechziger Jahren für die Gründung der nationalen ungarischen Musikakademie in Budapest einsetzte, zu deren erstem Präsidenten er denn auch ernannt wurde. Wenigstens die drei Monate, die er jeweils in Budapest verbrachte, war er »Professor«. Im übrigen aber hatte er damals in Weimar und Rom ausschließlich Privatschüler, die er ungeachtet ihres Standes unentgeltlich unterrichtete.

Denn zur Existenzsicherung diente ihm der Klavierunterricht ausschließlich in seinen jungen Jahren in Paris und Genf; später wurde er ihm innere Berufung. Aus jener Zeit ist uns der Bericht der Genfer Mutter Auguste Boissier überliefert, deren Tochter Valérie 1832 in Paris bei Liszt Unterricht genoß (*Liszt Pédagogue*, Paris 1928, deutsch 1930). Vielleicht das Erstaunlichste an diesem von überschwenglicher Bewunderung getragenen Erlebnisbericht (Auguste Boissier pflegte Liszts Lektionen mit ihrer Tochter beizuwohnen) ist die Schilderung von Liszts gewissermaßen »multimedialer« Methodik, die in engem Zusammenhang mit der programmatischen Tendenz seiner Musikauffassung steht. Er zog zur Musik gern das dichterische Wort erläuternd heran – zu einer Etüde von Ignaz Moscheles etwa ein Gedicht Victor Hugos oder eine Äußerung François René Chateaubriands über Blaise Pascal. Auguste Boissier nennt seinen Unterricht »cours de déclamation musicale«. Dabei soll er, so Boissier, so wunderbar betonend gelesen haben, wie er Klavier spielte. (Peter Raabe fügt diesem Zitat die erstaunliche Mitteilung hinzu, der junge Liszt habe sogar beim Üben von Tonleitern und Akkorden nebenher für sich gelesen, »um der mechanischen Arbeit nicht überdrüssig zu werden« – worin freilich eine unfreiwillige Dialektik steckt; denn das Üben wurde gerade dadurch vollends zur leeren Mechanik degradiert, daß es durch Lektüre erst mit »Sinn« erfüllt werden mußte.)

Liszts Abneigung gegen den pädagogischen Betrieb äußerte sich auch in einer Art privater Akademie, die auf höchst verspielte Weise in den fünfziger Jahren ihn und seine Weimarer Anhänger beschäftigte. In einer Mischung aus purem Übermut, Freimaurergeist (Liszt war 1841 in Frankfurt am Main in eine Freimaurerloge aufgenommen worden) und Imitation des Schumannschen »Davidsbunds« riefen die Lisztianer einen Bund Gleichgesinnter ins Leben, der sich dem Kampf gegen das Philistertum verschrieben hatte: die »Murls«, was soviel bedeutet wie Mohren oder Teufelskerle – eine auf Parteilichkeit und Solidarität gründende Clique, deren Mitglieder dogmatisch unterschieden zwischen dem allein fortschrittlichen »Bund« und der übrigen Welt der Zurückgebliebenen. Auch Liszt persönlich spielte das Spiel mit: schrieb er doch einmal in einem Brief aus dem Jahre 1852 an Karl Klindworth, er glaube, dem russischen Pianisten und Komponisten Anton Rubinschtein fehle die »Murlschaft« noch.

Seinen Humor hatte auch der alte Liszt nicht verloren, wie die Tagebuchaufzeichnungen seines Schülers und Sekretärs August Göllerich dokumentieren. Sie umfassen die letzten drei Lebensjahre und entstanden in Weimar, Rom und Budapest, den drei Angelpunkten von Liszts später »vie trifurquée«. In Göllerichs telegrammartigen Aufzeichnungen tritt einem ein Liszt entgegen, den als begnadeten Schauspieler nun wahrlich keine Übertreibung darstellt. Schon die Zahl der Anwesenden – Göllerich spricht von 25, einmal sogar von 36 Personen, die sich wohl alle als Liszt-Schüler verstanden – setzt einen großen Raum und theaterähnliche Verhältnisse voraus, mit dem Meister als Hauptakteur, zwei Flügeln als Requisiten und einem amüsierwilligen, freilich auch fachkundigen »Publikum«.

Liszt spielte häufig längere Abschnitte oder gar ganze Stücke selbst vor, besonders dann, wenn ein eigenes Werk auf dem Programm stand. Daneben spielten seine Schüler häufig Chopin, Schumann, auch Bülow und Wagner, mitunter aber auch Bach, Beethoven und Brahms – neben musikalischer Modeliteratur, die Liszt bisweilen zu abschätzigen Bemerkungen herausforderte. Auch seine Bemerkungen zur Interpretation waren häufig humorig und beißend. Sei es, daß er eine kritische Anmerkung mit der Anspielung auf den Adelsstand vieler seiner Schüler verband (»Die Königin von Rumänien spielt das besser!«) oder daß er sich über das metrische Wiegen und Wippen eines Schülers mokierte (»Nicht mit dem Körper Metronomisieren wie Frau Schumann!«) – stets war er dabei nicht nur Lehrer, sondern auch glänzender Causeur und Entertainer.

Seine Parodiefähigkeit kannte keine Grenzen. Er imitierte Clara Schumann und Ignaz Moscheles, parodierte Charles Gounods Bach-Bearbeitung durch eine eigene improvisierte und machte sich über Johannes Brahms lustig, indem er eine Terzenstelle »Maikäfer-Rauschen« nannte. Den Schülern verlangte er ein technisch sauberes, aber auch freies und kreatives Klavierspiel ab, das mit der in den Konservatorien gelehrten Art nichts gemein haben sollte. Bezeichnend der Lisztsche Ausruf während einer Interpretation der *Zigeunerweisen* von Carl Tausig: »Nicht bescheiden, sondern impertinent! Spektakel-Machen!«

Beklemmend aber mutet Liszts sarkastischer Humor dann an, wenn er sich auf sein eigenes Schaffen bezieht. Kaum eine Interpretation eines Liszt-Werks läßt der Meister durchgehen, ohne entweder zu betonen, er könne das Stück schier nicht mehr anhören, oder aber selbstanklägerisch Kritik daran zu üben (»schon veraltet«). Daß sich hinter solchen Bemerkungen auch viel unterdrückter Stolz, verletzlicher Narzißmus verbergen, wirft ein Zwielicht auf Liszts brillanten Humor, ein Zwielicht auch auf sein spätes pädagogisches Wirken, dessen menschlich-gütige Züge untrennbar verschlungen sind mit Zügen virtuoser Selbstdarstellung und schlecht verhüllter Egozentrik.

Von Indifferenz zur Resignation

Einer verbreiteten Auffassung zufolge gliedert sich das Lisztsche Œuvre in drei Hauptabschnitte, einen frühen, mittleren (oder reifen) und ein Spätwerk, die grob mit den Lebensphasen des Komponisten als umherschweifender, experimentierender Virtuose, als etablierter Weimarer Kapellmeister und »Berufskomponist« und als introvertierter römischer Abbé zusammenfallen. Psychologisch scheinen diesen drei Phasen eine von äußerer Unrast und innerem »ennui« bestimmte Frühphase, eine vergleichsweise gefestigte und etablierte, dem Aufbau von Institutionen und musikalischen Gattungen gewidmete mittlere und eine zunehmend von Altersresignation und Rückzug in eine katholisch-mystische Innerlichkeit gezeichnete Spätphase zu entsprechen. Als deren musikalisch-idealtypische Äquivalente sieht man gern die frühen virtuosen Klavierwerke, die symphonischen Dichtungen und die späten geistlichen Chor-, Orgel- und Klavierwerke an, in denen die Grenzen der Tonalität mitunter um des Ausdrucks religiöser Stimmungen willen überschritten werden.

Ein Bild freilich, das nur gerade in den gröbsten Umrissen stimmt. Bei genauerer Betrachtung entdeckt man auf allen drei Ebenen – äußere Biographie, seelische Stimmungslage und musikalische Ausdruckscharakteristika – tiefe Gemeinsamkeiten, die den Menschen, den Musiker Liszt durch alle Verwandlungen hindurch als mit sich selbst identisch erscheinen lassen. Oder, auf Liszts Anteil am romantischen »mal du siècle« bezogen: Er kannte die »indifférence« in allen Lebensphasen und verhalf ihr unter jeweils neuer Akzentuierung zu ihrem Ausdruck. Im Aufspüren des Identischen im Verschiedenen oder, umgekehrt, der Verschiedenförmigkeit des Gleichen kann der Reiz der Analyse von Liszts Musik liegen – weit über dem Reiz der musikalischen Probleme im einzelnen, die seine Werke aufwerfen.

Vom frühen Entwurf eines Klavierstücks *Essai sur l'indifférence* in einem im Weimarer Liszt-Archiv aufbewahrten Skizzenbuch war bereits die Rede. Dort wird »indifférence« durch spezifische harmonische Mittel vergegenwärtigt, durch die Omnipräsenz verminderter Septakkorde und die Weise, wie sie als Vermittlungsinstanzen zwischen Tonarten im Tritonusabstand eingeschoben sind.

»Der tonale Umriß«, schreibt Carl Dahlhaus in Anspielung auf François Joseph Fétis' Theorie des »ordre omnitonique«, vermittels dessen alle Töne oder Akkorde auf alle Tonarten bezogen werden können – der tonale Umriß also »ist der eines ›ordre‹, wenn nicht ›omnitonique‹, so doch ›pluritonique‹. Das Modulationsverfahren aber ist konventionell: der verminderte Septakkord fungiert noch als Dominante, als Kitt zwischen den Tonarten; er ist noch nicht, wie im ›Inferno‹ der *Dante-Symphonie*, zum funktionslosen Akkord erstarrt, der die Grundterzen von Molltonarten im Tritonusabstand zusammenfaßt, ohne tonal zu vermitteln.«

Zwischen der Skizzierung des frühen Indifferenz-Stücks und der Komposition der *Dante-Symphonie* liegen rund 25 Jahre – ein Zeitraum, in dem sich Liszts kompositorisches Handwerk perfektionierte und sein geistiger Horizont sich erweiterte, ohne daß die »indifférence« und ihr musikalisches Äquivalent irgend an Bedeutung für ihn eingebüßt hätte. Nochmals rund 15 Jahre später komponierte Liszt ein Lied nach einem Gedicht von Musset, dessen französischer Text *J'ai perdu ma force et ma vie* von Alfred von Meißner ins Deutsche übertragen worden war:

»Ich verlor die Kraft und das Leben,
meine Freunde, den frohen Sinn.
Selbst mein Stolz ist auf immer dahin,
der einzig mir noch Halt gegeben.

Da ich die Wahrheit zuerst erkannt,
gab ganz ihr mein Herz ich zu eigen,
da ich forschen wollte, in die Tiefen steigen,
hab ich schaudernd mich abgewandt.

Ach, und doch währt ewig ihr Walten,
und wer nicht treu zu ihr gehalten,
hat sein Erdendasein verneint.

Gott redet, ich muß ihm Antwort geben,
das einzge Gut, das mir bleibt im Leben,
es sind Tränen, einst geweint.«

Die Klaviereinleitung dieses tieftraurigen Lieds verbindet die »Figur« (durchaus im barock-bildhaften Sinn) der absteigenden Seufzersekunde mit einem harmonischen Fundament, das äußerst schwankend gehalten ist. Reduziert man die Anfangsklänge um die Seufzervorhalte, so resultieren vier Akkorde, die sich als Abfolge eines einzigen Akkordpaars entpuppen, das in veränderter Lage wiederholt wird: cis-f-a, b-cis-e-g und als Wiederholung a-cis-f, g-b-cis-e. Die dreitönigen Akkorde bilden übermäßige Dreiklänge, gefügt aus zwei Großterzen, die viertönigen verminderte Septakkorde (die eher als »Auflösungen« denn als auflösungsbedürftige Dominanten wirken). Verbindend ist der Ton cis, der allen vier Konstellationen als einziger gemeinsam ist. Beide Klänge sind (als Mollterz und Dominantnonenakkord ohne Grundton) auf d-Moll beziehbar; aber der Grundton bleibt unausgesprochen – auch in der wenig später einsetzenden Singstimme, die wiederum die Konturen eines aus kleinen Terzen geschichteten Zusammenklangs umschreibt; auf die Worte »und das Leben« findet sich der »seufzende« Sekundvorhalt wieder. Ihr unbegleitetes, durch keinen Grundton hörbar gestütztes Schweifen im Tonraum scheint die im Text ausgedrückte Einsamkeit ganz unmittelbar abzubilden. – In der letzten Strophe des Sonetts scheint, endlich, die Tonart D-Dur erreicht und gefestigt zu sein; doch öffnet das kurze Klaviernachspiel wieder alles und läßt das Lied von der verlorenen Lebenskraft »indifferent« schließen: auf einem verminderten Septakkord auf dem tiefsten Ton, eis.

Daß solche musikalisch-syntaktische Offenheit einem mitunter auch in Stücken begegnet, die eher affirmatives Pathos und dementsprechend musikalische Geschlossenheit erwarten lassen, ist ein erstaunliches Faktum. Das vielleicht radikalste Beispiel ist die Komposition *Zur Trauung* für Orgel (mit Gesangssolo ad libitum) von 1883, die kirchenmusikalisch-praktisch handhabbar gemachte Bearbeitung des Klavierstücks *Sposalizio* aus dem zweiten Jahrgang der *Années de pèlerinage* von 1838/39. Freilich hat Liszt der zarten E-Dur-Komposition in der späten Bearbeitung einen Stachel des Zweifels eingebaut, der sie völlig querstehen läßt zu hochzeitsfreudiger Affirmation: Während im Klavieroriginal der Schluß in hauchfeinen Fiolituren und modal gefärbtem cis-Moll und E-Dur verschwebt, schlägt die Orgelfassung am Ende mit der Tonart Cis-Dur ganz neue Töne an und bleibt schließlich mit dem Wechselklang cis-eis/h-dis im tonartlichen Niemandsland stecken. So trivial die Deutung auch anmuten mag: der späte Liszt konnte offensichtlich die Ehe nicht mehr in dem mild strahlenden Licht der *Sposalizio*-Tondichtung sehen und änderte den Schluß fast gewaltsam durch ein unaufgelöstes musikalisches Fragezeichen, tönendes Sinnbild für Resignation.

Dergestalt offene Schlüsse gehören zur Signatur von Liszts Spätwerk wie die Tendenz zum einstimmigen Satz und zu musikalischen Formeln, was Liszts Spätstil untergründig mit dem Beethovens verbindet – Liszt war nicht zufällig einer der wenigen Apologeten von Beethovens Spätstil in einer Zeit, die sonst wenig von diesem wissen wollte. Theodor W. Adornos Erkenntnis, in Beethovens Spätwerk sei »Subjektivität« nicht etwa dominierend, sondern im Gegenteil zugunsten entleerter Modelle außer Kraft gesetzt, gilt auch für Liszt. So fällt etwa im ganze 29 Takte kurzen Klavierstück *Resignazione* von 1877 schon im ersten Viertakter die formelhafte, einer barocken »Kadenz«-Figur entliehene Umspielung des Tons dis (e-dis-cis-dis) auf, die hier freilich nicht als »Verzierung«, sondern als Substanz erscheint. Die Schlußtakte des Stücks sind zuerst ganz auf diese Formel reduziert, die nicht mehr überleitet, sondern entblößt um ihrer selbst willen dasteht, sich nach oben schraubend zum Quintton h des in E-Dur notierten Stücks. Der allerletzte Schluß aber verläßt die Tonart, die am Anfang so gefestigt erscheint: Die Schlußtöne h-a-gis-a hängen tonartlich in der Luft – es ist erneut die bekannte Umspielungsformel, jetzt aber durch rhythmische Dehnung (punktierte Halbe-Viertel-Halbe-Halbe) mit dem Themenkopf des kurzen Stücks verschmolzen. (Die Neigung zu ausgedünnten, offenen, entschwebenden Schlüssen ist freilich auch eine Eigenart von Liszts Frühwerk: Man vergleiche die Frühfassung der 1834 entstandenen *Harmonies poétiques et religieuses* mit der nunmehr *Pensées des morts* genannten überarbeiteten Version in der *Harmonies*-Sammlung von 1845!)

Mithin spricht nichts dafür, daß Liszt der Resignation positiven Wert abgewonnen hätte: Pessimismus und passives Resignieren waren zwar durch Arthur Schopenhauer zum »letzten Ziel, ja innersten Wesen aller Tugend und Heiligkeit« verklärt worden, aber für Liszt waren sie Erscheinungen einer monoton gewordenen, dem Tod sich zuneigenden Existenz.

1878/79 komponierte Liszt in Rom und Budapest ein Werk, das die Indifferenzthematik in nochmals verändertem Licht zeigt. Die *Via crucis* für gemischten Chor, Soli und Orgel oder Klavier ist eine in ihrer musikalischen »Vielsprachigkeit« singuläre Konzeption – halb Meditations- oder Andachtsmusik, halb drastische Schilderung des Kreuzwegs Christi. Daß ein geistliches Passionswerk auch Momente von Dramatik, ja Theatralik enthalten kann, ist an sich so wenig außergewöhnlich wie die Einbeziehung der Volksmasse, der »turba«. Auch Liszts *Christus*-»Passion« kennt einen (oft chorischen) epischen Erzähler, kennt die Stimme Jesu und Stimmen des Volkes. In ihr hat, wie in den barocken Vorbildern, die christliche Gemeinde ihren Platz; sie nimmt teil am Geschehen, singt ihr lateinisches »Vexilla regis« und »Stabat Mater«, aber auch – in der Harmonisierung von Bachs *Matthäuspassion* – die Kirchenlieder *O Haupt voll Blut und Wunden* und *O Traurigkeit, o Herzeleid.*

Die dritte der 14 Stationen des Kreuzwegs Christi ist überschrieben mit »Jesus fällt zum ersten Mal«. Die ersten 14 Takte enthalten nur die Textworte »Jesus cadit«, der zweite Teil der Station wird vom »Stabat Mater« der Frauenstimmen eingenommen. In den ersten Takten nun baut der Komponist wieder eine harmonische Sphäre des Schwebens auf, die an die »indifférence«-Stellen erinnert. Die Begleitung formiert – lento und forte oder fortissimo – einen aus kleinen Terzen geschichteten Akkord, den man als Nonenakkord auf d ohne Grundton und ohne Septime auffassen kann: fis-a-es. Dessen Randtöne, fis und es, bilden auch das einzige »Material« der Männerstimmen, die das »Jesus cadit« im verminderten Septfall von es nach fis direkt illustrieren. Schon im dritten Takt aber beginnt die ohnehin ungewisse Grundlage – es erklingt ja weder der Grundton des Dominantnonenakkords, d, noch die Tonika g-Moll – sich weiter zu verunklaren: Die Mitteltöne zwischen den Rahmentönen fis und es geraten in Bewegung; das a geht nach h, es tritt ein cis hinzu, das sich zu c modifiziert – bis im sechsten Takt der Begleitakkord reines h-Moll(Quartsextakkord) markiert. Im nachhinein wird man dieses h-Moll als Subdominante zu fis-Moll erkennen, das mit dem achten Takt erreicht und festgehalten wird. Erst von daher

wächst den Anfangsakkorden über dem Ton fis eine neue Bedeutung zu: Dies war bereits die Tonika, der Nonenakkord sollte
nicht zu seiner Auflösung nach g-Moll führen, sondern in ihm
war schon die Zieltonalität höchst rätselhaft angelegt.

Einen Bezug zur Indifferenzsphäre des Musset-Lieds zu konsta-
tieren ist zumindest musikalisch-analytisch legitim. Aber gibt es
auch einen »semantischen« Sinn dieser Ähnlichkeit? Nicht dem
leidenden Erlöser kommt der Ausdruck der Indifferenz zu, sondern dem teilnahmslosen Volk, das wie Mussets lyrisches Ich die
Kraft zum Leben und zum Glauben und wie Edgar Quinets
Ahasvérus die Kraft zum Helfen, zum praktischen Handeln verloren hat. Wortlos gibt Liszt in der *Via crucis* diesem romantischen
Zustand noch angesichts des größten Menschenleids seine
Stimme.

Der Stolz der indifferenten Pose des früheren agnostischen Romantikers Liszt war mithin verflogen, hatte persönlicher Enttäuschung und politischer Resignation Platz gemacht. So eindeutig dieser biographische Befund ist, so folgenreich war die Musik, die aus solchem Lebensgefühl entsprang: Vor allem mit seinem Spätwerk warf Liszt, um ein Bild der Fürstin Carolyne von Sayn-Wittgenstein zu verwenden, seinen Speer weit in die musikalische Zukunft (die Fürstin meinte, mit Béla Bartók, sogar: »viel weiter als Wagner« ...). Und wie immer, wenn musikalisch Unerhörtes gewagt wird, bleibt von seiten einer vermeintlich kunstkompetenten Öffentlichkeit der Vorwurf des Dilettantismus nicht aus. Zur Zeit der Veröffentlichung von Liszts frühem Klavierstück *Harmonies poétiques et religieuses* kursierte in Paris der Slogan »Er kann nicht komponieren«, und Liszt selbst schreckte wenig später offenbar vor seinen eigenen Frühwerken zurück, wenn er in einem offenen Brief an George Sand erklärte, er habe um 1834 »mehrere Stücke [geschrieben], die notwendigerweise den Charakter des Fiebers, das mich verzehrte, an sich trugen. Das Publikum fand sie bizarr, unverständlich. Sie selbst, mein Freund, haben mir zuweilen das Unbestimmte, Weitläufige derselben vorgehalten. Ich war so weit entfernt, gegen diese zwiefache Verurteilung zu appellieren, daß es meine erste Sorge gewesen – sie ins Feuer zu werfen.«

Der Verdacht der kompositorischen Unfähigkeit Liszts kehrte schon an der Schwelle zu seinem Spätstil wieder: Eine Karikatur im Berliner *Kladderadatsch* zeigt den Komponisten im Ordensgewand und mit Sandalen vor einem Klavier sitzend und mit der rechten Hand eine dürre Melodie spielend: »Non possumus« (Wir können nicht) sind die spärlichen Noten auf dem Notenblatt bezeichnet, und der unvermeidliche Ehrensäbel hängt als Mahnmal vergangenen Glanzes an der Wand. (Das »Non possumus« des Papstes stand lange Zeit der Einigung Italiens im Wege; doch gestattet die Karikatur eine zweite Deutung: allgemeine Erschlaffung als Ursache für Liszts späte Wendung zu einer entsinnlichten religiösen Innerlichkeit.)

Zwei Aspekte von Liszts Spätwerk berühren sowohl die Indifferenzthematik als auch den vielzitierten utopischen Charakter seiner Musik. Indifferent – gleichgültig – wurde Liszt am Ende in bezug auf den Originalitätsanspruch, der auf dem Komponieren lastete, seit es die Bindung an bloßes gesellschaftliches Funktionieren in der Kirche oder am Hof aufgegeben und »autonom« geworden war. Authentizität, Unverwechselbarkeit, persönliche »Handschrift« sind seither gefordert, und Liszt hatte sich als komponierender Virtuose mit größtem Erfolg diesem Diktat unterworfen. Am Ende ging seine Musik aber das Risiko ein, anonym, entpersönlicht, »objektiv« zu erscheinen. Die 1879 für die Fürstin Sayn-Wittgenstein geschriebene *Missa pro organo* wirkt wie aus vorgefertigten (gregorianischen) Bausteinen zusammengesetzt; der persönliche schöpferische Anteil Liszts erscheint gering. In Wahrheit besteht das Originelle dieser in ihrer Einfachheit, in ihrer Konzentration auf einstimmige Linien und wenige, kraftvolle Akkorde berückenden Komposition gerade im Verzicht auf »Ausdruck« – eine kompositorische Haltung, die in der Tat weit ins 20. Jahrhundert vorausweist, zu Liszts Lebzeiten aber kaum verstanden wurde. Sogar Richard Wagner, sein Weggefährte, sprach angesichts des geistlichen Spätwerks von Liszt von »kindlichem Spielen mit bestimmten Intervallen«. Recht hat dieses von Cosima Wagner überlieferte Wort freilich, ohne es zu wissen, mit der Einführung des Spielbegriffs, der uns Heutige viel eher an die neoklassizistischen Collagen von Igor Strawinsky oder an die Ästhetik Erik Saties als an Musik unter romantischen Vorzeichen erinnert.

Zukunftweisend ist an diesem Spätwerk auch die Tendenz, ein musikalisches Werk als »Steinbruch« zu betrachten, aus dem Bruchstücke herausgebrochen und neu verwendet werden können. Das Oratorium *Christus* gibt Beispiele in beiden »Richtungen« ab: Am Ende des »Stabat Mater dolorosa« im dritten Teil des selbst collageartig angelegten Werks zitiert der Komponist vorübergehend die Ganztonleiter-Sphäre des »Magnificat« aus der *Dante-Symphonie*; und in den zweiten Teil (»Die Gründung der Kirche«) fügte er mit dem Papsthymnus *Tu es Petrus* eines seiner gelungensten Orgelstücke ein, das mit dem Oratorium bruchlos verschmilzt.

Solche Verfahrensweisen – die Reduktion auf entpersönlichte musikalische Typen und die Baukastentechnik – entsprachen im

Grunde dem cäcilianischen Ideal der damaligen katholischen Kirchenmusik-Politik in viel radikalerer Form, als dieser lieb sein konnte. Die offizielle Kirche mochte sich, während sie von der Rückbesinnung auf die »wahre« Kirchenmusik Giovanni Pierluigi da Palestrinas sprach, nicht vom Prunk und Pomp trennen und weigerte sich, Liszt als »offiziellen Kirchenkomponisten« (Wolfgang Dömling) einzusetzen, wie die Fürstin es wünschte. Liszt selbst gab sich demütig und sprach von der »santa indifferenza« dem Erfolg gegenüber, von den »göttlichen Banalitäten« des christlichen Glaubens und der absichtsvollen Armut seiner *Christus*-Musik. Der begnadete Verwandlungskünstler hatte einmal mehr das Gesicht gewechselt und war zum weltabgewandten Schöpfer einer Kirchenmusik geworden, an der die reale Kirche im Grunde so wenig interessiert war wie an seiner frühen Vision einer kirchlichen »musique humanitaire«.

Liszts Programme. Musik und Inhalte

Franz Liszt gehörte zu jenen Menschen, die im Alter die zuneh-
mende Isolation durch drastische Selbstironie zu überspielen
versuchen. Bisweilen war es bittere Ironie an der Grenze zu resi-
gnativem Pessimismus, und Selbstverachtung schien dann nicht
fern zu sein. So etwa, als Liszt 1881 einmal bekannte:

»Allen Jubel, alle Begeisterung würde ich hingeben, wenn ich
nur einmal ein wirklich schöpferisches Werk hervorbringen
könnte!«

Eine andere Bemerkung dieser Art fiel in einer Weimarer Un-
terrichtsstunde im Juni 1884; Liszts Schüler und Sekretär August
Göllerich hat sie überliefert. Die Lektion begann mit dem Vor-
trag zweier Stücke aus dem Zyklus *Harmonies poétiques et religieuses*
durch den russischen Pianisten Alexander Siloti, der nach seiner
Ausbildung am Moskauer Konservatorium bei Liszt studierte;
an diesem Tag trug er das *Miserere* nach Palestrina und das *Andante lagrimoso* vor. Diesem zweiten Stück hatte der Komponist
ursprünglich acht Zeilen des Dichters Alphonse de Lamartine
vorangestellt, die dem schwärmerisch-melancholischen gis-
Moll-Poème innig entsprechen. Liszt soll die beiden Klavierstücke mit der Bemerkung kommentiert haben: »Verpönte Sachen, verworfen und ganz schlecht.« Dann soll er auf das dem
Andante zugeordnete Gedicht gewiesen und gesagt haben:

»Ja, wenn einem nichts einfällt, dann nimmt man ein Gedicht
her und es geht; man braucht da gar nichts von Musik zu verstehen und macht – Programm-Musik!«

Die Äußerung paraphrasiert den Kern der Kritik an Liszts
Ästhetik der Programmusik, die Theoretiker wie Eduard Hans-

lick und Komponisten wie der Kreis um Johannes Brahms sie seit den fünfziger Jahren formulierten. Seinen publizistischen Höhepunkt hatte der Streit zwischen der sogenannten Neudeutschen Schule um Liszt und Richard Wagner (die in der Gunst der *Neuen Zeitschrift für Musik* und ihres Redakteurs Franz Brendel stand) und der klassizistischen Richtung um Hanslick und Brahms in einer »Erklärung« gefunden, die 1860 im Berliner *Echo* erschienen war und von Brahms, Joseph Joachim und Julius Otto Grimm gemeinsam unterzeichnet war. Die Erklärung, die merkwürdig abstrakt gehalten ist, bezeichnet im Schlußsatz die Werke der »neudeutschen« Komponisten als »dem innersten Wesen der Musik zuwider« und die die Werke begleitenden Theorien im negativen Sinn als »unerhört«.

So schlecht pauschal dieser Angriff gegen die »Zukunftsmusiker« war, so genau traf er doch auf die Intention zumal Liszts, der mit seiner Konzeption der »symphonischen Dichtung« als Spezialgattung der Programmusik auf nichts Geringeres zielte als auf eine der Zeit gemäße Neuformulierung jenes »Wesens der Musik«. Daß dieses in der Instrumentalmusik seine reinste Verkörperung finde, war von E.T.A. Hoffmann begründet worden und galt seit der Symphonik Ludwig van Beethovens weitgehend als unbestreitbar. Auf eine Erneuerung eben dieses symphonischen Geistes mit andern, unverbrauchten Mitteln arbeitete Liszt hin, sie verteidigte er theoretisch und wollte sie praktisch realisieren. Der Ort, wo Liszt seine Anschauung am prägnantesten (und dadurch auch am angreifbarsten) niederschrieb, war nicht zufällig ein Aufsatz über Hector Berlioz, den Schöpfer der programmatischen *Symphonie fantastique*: der 1855 vermutlich mit Carolyne von Sayn-Wittgenstein zusammen verfaßte Aufsatz *Berlioz und seine »Harold-Symphonie«*.

Liszt gibt sich hier große Mühe, erstens die Modernität der »Programmsymphonie« (oder der symphonischen Dichtung) zu begründen und zweitens das Vorurteil auszuräumen, diese Instrumentalwerke stellten lediglich eine Verdoppelung ihrer Vorlagen dar. Bezeichnenderweise spricht er nicht von den Inhalten der Gedichte, Gemälde oder Dramen, die seine Programmwerke musikalisch wiedergeben wollen, sondern von »Charakterarten«, »Haltungen« und »Stimmungen« – also von einem Dritten neben (oder besser: hinter) Gedicht und Musik.

»Das Programm«, heißt es im dritten Kapitel der Schrift, »trägt die Fähigkeit in sich, der Instrumentalmusik Charakterarten zu übermitteln, welche den verschiedenen poetischen Formen fast identisch sind. Es kann ihr die Haltung der Ode, des Dithyrambus, der Elegie, mit einem Wort jeder lyrischen Poesie geben. Und selbst dann, wenn die Instrumentalmusik die diesen verschiedenen Gattungen besonders eigenen Stimmungen längst ausgesprochen hat, so kann sie durch eine Feststellung des Stoffes, aus der Annäherung gewisser Ideen, der Wahlverwandtschaft gewisser Figuren, aus der Trennung oder Verbindung, der Aneinanderreihung oder Verschmelzung gewisser poetischer Bilder und Schlüsse neue, ungeahnte Vorteile gewinnen.«

Die Begründung der spezifischen Modernität dieses Verfahrens aber zeigt, daß es Liszt doch nicht bloß um die Weiterentwicklung der Symphonie als musikalische Gattung ging, sondern um eine Innovation des Systems musikalischer Gattungen überhaupt. Das Programm nämlich, so Liszt, könne für die Musik das »Äquivalent« einer in der »modernen Gefühlsweise« verankerten poetischen Form ermöglichen, des Dialoggedichts, das sich zur dramatischen Aufführung (sprich: zur Oper) nicht eigne – zum Beispiel Johann Wolfgang von Goethes *Faust*, Lord Byrons *Kain* und *Manfred* oder Adam Mickiewicz' *Dziady*. So sollte also die symphonische Dichtung zugleich den Platz und Rang der Symphonie einnehmen und durch deren konsequente Weiterbildung in Richtung auf eine Erweiterung der musikalisch repräsentierten »Charaktere« die absolute Instrumentalmusik zu neuen Ufern führen: zu neuer, sprechender Bestimmtheit.

Instrumentale Dichtungen

»Der Programmusik zu unterstellen, daß sie literarisch Formuliertes mit anderen Mitteln ›noch einmal sage‹, ist ein grobes Mißverständnis«, schreibt Carl Dahlhaus. »Nicht der Text der Dichtungen von Aischylos, Shakespeare oder Goethe bildet den

Gegenstand Symphonischer Dichtungen von Liszt, sondern der Mythos von Prometheus, Hamlet oder Faust, an dem die Musik in ihrer Sprache gewissermaßen weiterdichtet (und der Prozeß des Weiterdichtens war seit jeher die eigentliche Lebensform des Mythos).«

Mythos kann sich in verbalsprachlicher oder in anderer Gestalt materialisieren, und deshalb kann Liszt beim »Weiterdichten« in Tönen programmatische Vorlagen verschiedenster Art verwenden, ohne daß die Einheit der Gattung symphonische Dichtung darüber zerrissen würde. Liszts *Hunnenschlacht* etwa entspann sich nicht an einem verbalen Text, sondern an Wilhelm von Kaulbachs Gemälde *Die Hunnenschlacht*, das im Komponisten Liszt die musikalische Idee freisetzte, den Sieg des christlichen Heeres über die heidnischen Hunnen als Sieg des »Lichts« über die »Finsternis« darzustellen; der Choral »Crux fidelis« ist Schlachtgesang und Dankgebet in einem.

Ursprünglich hatte Liszt weit Größeres im Sinn: einen Zyklus nach Fresken Kaulbachs, eine »Weltgeschichte in Bildern und Tönen«; ein in seinem weltumspannenden Charakter an Alexandr Skrjabins späte »Mysterium«-Idee erinnerndes Vorhaben, das ebensowenig ausgeführt wurde wie dieses. Bloßes Projekt blieben auch die Idee, den Maler Buonaventura Genelli in die *Dante-Symphonie* (die dadurch zum multimedialen Dante-Gesamtkunstwerk geworden wäre) einzubeziehen: Genelli sollte Bilder malen, die zur musikalischen Aufführung der Symphonie in einer Art Diorama gezeigt werden sollten. So bleiben von den hochfliegenden Plänen des theatralischen Geistes Liszt, die Künste zu vereinigen, nur die symphonischen Dichtungen und einige auf Gemälde bezogene Klavierwerke wie *Sposalizio* (nach Raffael) und *Il penseroso* (nach Michelangelo) aus dem Italien-Jahrgang der *Années de pèlerinage*.

Die Korrespondenzen zwischen außermusikalischer Vorlage und musikalischer Vertonung sind in Liszts Werken von unterschiedlicher Dichte. Nie aber erreichen sie den Detailrealismus der *Symphonie fantastique* von Berlioz, die Liszt hoch schätzte. *Mazeppa* etwa, die aus der vierten *Étude d'exécution transcendante* in d-Moll hervorgegangene symphonische Dichtung, reproduziert zwar in den formalen Umrissen grob die Geschichte Mazeppas, der von seinen Feinden auf ein wildes Pferd gebunden und durch die Steppe gejagt wird, bis umherziehende Ukrainer den Einsamen befreien und ihn zum König der Kosaken machen; aber an Einzelheiten der »Handlung« wird man, außer den das Pferd in »Gang« setzenden Peitschenknall zu Beginn, kaum etwas erkennen.

Mitunter trieb Liszt mit seinen Programmen und Vertonungen auch eine Art Mystifikation, die das Geschehen schwer durchschaubar macht und Anlaß zur Vermutung gibt, der Komponist habe die semantische Eindeutigkeit seiner Musiksprache bisweilen doch kraß überschätzt – wenn nicht gar zu dem Verdacht, er habe als gewiefter Rollenspieler bisweilen ein übles Spiel mit seinen Hörern und Analytikern gespielt.

So stellte er bereits seiner ersten symphonischen Dichtung, *Ce qu'on entend sur la montagne*, ein umfangreiches Gedicht von Victor Hugo voran, um dann die Ode in der Erstausgabe dieses Werks von 1857 durch eine eigene kurze Prosaskizze zu ergänzen, die seine musikliterarischen Deuter beträchtlich in Schwierigkeiten gebracht hat; in der Volksausgabe von 1885 ließ er die Prosaskizze wieder weg. Seither hielt sich hartnäckig das (musikalisch-analytisch abgestützte) Gerücht, in Wirklichkeit sei diese Prosaskizze und nicht die Ode Hugos das »eigentliche« Programm der *Berg-Symphonie* – schon deshalb, weil in dieser Skizze am Ende von »geweihter Betrachtung« von Natur und Menschheit die Rede sei, was exakt mit dem hymnischen Schluß der Komposition korrespondiere, während der Schluß des Gedichts von Hugo doch zu solcherart feierlich-erhabenen Tönen keinen Anlaß biete.

Das Dilemma, daß ein sekundärer Programmtext der symphonischen Dichtung genauer zu entsprechen scheint als der primäre Text (Liszt trug sich schon seit 1830 mit dem Gedanken einer Vertonung der Hugo-Ode), ist einerseits Ausdruck des Widerspruchs von Genesis und Geltung von Kunstwerken: Die Weise ihres Entstehens bildet nicht immer einen Schlüssel für ihren »Sinn«, und so mag die spätere Prosaskizze tatsächlich den Gehalt der Komposition bündiger auf den Begriff bringen, als es die Ode, das Movens oder Stimulans zur Komposition, es vermöchte.

Zum andern aber ist, nach der Analyse von Dahlhaus, der Eindruck keineswegs zwingend, der hymnische Schluß der *Berg-Symphonie* könne nicht aus der Ode Hugos begründet werden, weil deren Schluß nicht hymnisch-affirmativ, sondern widersprüchlich-zweifelnd gehalten sei. Tatsächlich mündet das Hugo-Gedicht in eine von Pessimismus erfüllte Frage aus: warum Gott in verhängnisvoller Verbindung (»fatal hymen«) den Gesang der Natur mit dem Schrei des menschlichen Geschlechts auf ewig vereinige. Doch wäre es ästhetisch unangemessen, den Verlauf der Musik linear und eindimensional an den Verlauf des Gedichts anzulegen und aus der Nichtkongruenz zu schließen, der Gehalt des Gedichts sei musikalisch verfehlt (oder umgekehrt: das Gedicht drücke nicht das gleiche aus wie die Musik).

»Dichtung ist kein Diskurs«, schreibt Dahlhaus, »der auf ein Resultat zielt, das am Ende ausgesprochen wird, sondern eine Konfiguration, deren Teile in so vielfältige und manchmal paradoxe Beziehungen zueinander treten, daß eine ›Zusammenfassung‹ des Sinns das zerstören würde, was sie zu ergreifen sucht. Nicht der Schluß drückt aus, was das Gedicht bedeutet, sondern das in sich widersprüchliche Ganze der Struktur.«

Und Liszts Vertonung drückt ein Verständnis von Hugos Ode als »paradoxe Struktur« aus, von welchem die Prosaskizze weit entfernt ist; mithin respektiert sie die ästhetische Autonomie der Musik *und* der Dichtung weit mehr, als mancher Konzertführerverfasser es sich vorstellen konnte – und möglicherweise sogar mehr, als dies Liszt selbst bewußt war.

Weit verwirrender noch mutet die Geschichte der Entstehung von Liszts symphonischer Dichtung *Les Préludes* an, die es als akustisches Signet nationalsozialistischer Sondermeldungen im Kriegsrundfunk zu trauriger Berühmtheit gebracht hat. Der Titel bezieht sich auf das gleichnamige Gedicht Alphonse de Lamartines aus den *Méditations poétiques*. Indes liegt darin eine von Liszt bewußt in Kauf genommene Täuschung, denn das Werk hatte ursprünglich eine ganz andere dichterische Vorlage: Texte von Joseph Autran, die Liszt noch 1848 zu einem Männerchorwerk verarbeitet hatte, dem eine Ouvertüre – die späteren *Préludes* – vorangestellt war. Nachdem er die Arbeit an dem Chorwerk aufgegeben hatte, veröffentlichte er die Ouvertüre allein – mit dem Lamartine-Motto und unter Verzicht auf die ursprünglich motivierenden Texte. Peter Raabe hat nicht unrecht, wenn er den Lisztschen Titelzusatz »d'après Lamartine« als unberechtigt bezeichnet, denn tatsächlich erfolgte die programmatische Zuordnung des Gedichts nach der Komposition, und die Lamartine-Zeilen wären eher als »nach Liszt« zu bezeichnen denn umgekehrt.

Mit William Shakespeares *Hamlet* nahm sich Liszt einen genuin dramatischen Stoff vor. Auch die gleichnamige symphonische Dichtung Nr. 10 wurde, wie *Les Préludes, Orpheus, Tasso* und *Prometheus*, ursprünglich als selbständige Ouvertüre konzipiert; dieser 1858 entstandenen Fassung fügte Liszt nachträglich einen Mittelsatz hinzu und ließ das Werk so 1876 uraufführen. Die Musik illustriert hier weniger einen Handlungsverlauf, sondern stellt die Hauptcharaktere des Helden in wechselndem Licht in den Vordergrund: seine grüblerische Zweifelsucht, die bodenlose Reflexion, seinen Ekel und Hohn vor dem Treiben der Welt.

Bereits die Anfangstakte sind in ihrer harmonischen Spannung von c- und h-Moll (Nonenakkord auf fis) Ausdruck einer in sich kreisenden Haltung, die nicht vorankommt; These und Antithese werden einander gegenübergestellt, ohne die Kraft zur Entscheidung zu finden. Rhythmisch kann man den Gestus eines Trauermarschs erkennen. Das Verfahren, musikalischen Themen oder Motiven signifikante Textworte zu unterlegen, mag schlecht an hermeneutische Praktiken vergangener Zeiten erinnern und durch Arnold Scherings gewagte Beethoven-Analysen disqualifiziert sein. Doch erhält das Gefühl, die ersten beiden Takte der Komposition erinnerten rhythmisch zugleich an die berühmte Hamlet-Frage »To be or not to be …«, unerwartet Rückendeckung durch Liszts Schüler Göllerich, dessen *Erinnerungen* (1908) davon erzählen, daß Göllerich zusammen mit einer Wiener Pianistin Liszt einmal die Transkription des *Hamlet* für zwei Klaviere vorgespielt haben soll:

»Kaum hatte ich mit dem Anfangsthema begonnen, von dem

er mir sagte, es deute die Frage: ›Sein oder Nichtsein?‹ – hörte ich ihn bemerken: ›Der Kerl spielt ja das, als hätte er's komponiert!‹«

Trotz des Eindrucks von Zusammenhanglosigkeit, den die *Hamlet*-Tondichtung aufgrund ihrer Kurzatmigkeit erwecken kann, ist die Konstruktion überaus ökonomisch und dicht. Nicht nur werden die tragenden Intervalle des ersten Introduktionsthemas, Quarte und Halbton, im zweiten Thema der Introduktion wiederverwendet (die Quarte als übermäßige, das Ganze eine symmetrische Bildung: h-c¹-fis¹-g¹-h-c¹-fis¹-g¹[-gis¹]); auch das Hauptthema der symphonischen Dichtung ist »subkutan« auf die Anfangskonstellation bezogen: Dem Vordersatz in h-Moll (mit dem charakteristischen Motiv fis¹-cis¹-d¹-cis¹-h) wird schroff ein a-Moll-Akkord im Nachsatz entgegengestellt – stehengelassener Widerspruch wie die Verrückungen in dem Ophelia zugeordneten Mittelteil der Komposition und wie die kargen, nicht mehr weiter reduzierbaren Schlußtakte.

Zu diesem gerade 16 Takte kurzen Einschub, dessen Holzbläsersatz mit Violinsolo auf erhöhter Transpositionsstufe wiederholt wird, merkt der Komponist in einer Fußnote zur Partitur an:

»Dieser Zwischensatz, ³/₂-Takt, soll äußerst ruhig gehalten sein und wie ein Schattenbild erklingen, auf Ophelia hindeutend.«

Dieser Musik von träumerischer Zartheit ist nicht unbedingt anzuhören, welche ungewöhnliche Deutung des Hamlet-Stoffs und der Ophelia-Gestalt im besonderen hinter Liszts symphonischer Dichtung steht.

Liszt sieht den Dänenprinzen – im Anschluß an eine Weimarer *Hamlet*-Aufführung mit Bogumił Dawison in der Titelrolle – als »Ausnahmemenschen«, als »begabten, unternehmenden Prinzen mit bedeutenden Absichten, der den günstigen Augenblick abwartet, sein Rachewerk zu vollenden«; sein Handeln sei von »klugem Vorausschauen« und »Einsicht« geprägt. Ophelia ist die von ihrer Sendung Überforderte, unfähig, Hamlet so zu lieben, wie er geliebt werden will: ohne Verpflichtung seinerseits, »sich zu erklären«. Ihre gefühlsmäßige Unsicherheit, so Liszt, erlaubt ihr nicht, auf der Höhe Hamlets zu bleiben. Dies mag ein Grund dafür sein, daß Ophelia musikalisch in Liszts *Hamlet* so blaß gezeichnet erscheint – nicht, weil ihr im Handlungsgefüge kein Platz zukäme, sondern aufgrund ihrer charakterlichen Unterlegenheit neben Hamlet. Programmusik Lisztscher Provenienz bildet somit nicht Aktionen linear ab, sondern dichtet mit eigenen Mittel dramatische Konstellationen nach und weiter.

Allein auf der Bühne: Orpheus

Liszts symphonische Dichtung *Orpheus* entstand zur gleichen Zeit wie die *Klaviersonate h-Moll*. Und oberflächlicher Betrachtung könnte sie als deren symphonisches Schwesterwerk erscheinen: Wird hier nicht der in der Sonate bloß tönend-abstrakt imaginierte »Held« in Gestalt der programmatischen Orpheus-Gestalt leibhaftig – und beginnt *Orpheus* nicht sogar mit demselben Oktavintervall auf g, piano und »sotto voce« in der *Sonate* und ebenfalls piano, von den Hörnern intoniert, im Orchesterwerk?

Man hüte sich indes vor der voreiligen Feststellung von Parallelen, die tiefgreifende Unterschiede zu verdecken drohen. Während die *Sonate* als »Drama« antagonistischer Kräfte oder gar »Subjekte« erscheint, ist die Tondichtung die Darstellung einer einzigen Gestalt, eines einzigen Gedankens in immer wechselnder Beleuchtung. Und während das Klavierwerk – dies jedoch ist schon weitreichende »Deutung«, nicht unmittelbare Beobachtung – als Verklanglichung von Liszts eigenem vielgestaltigen Wesen verstanden werden kann, bildet die Tondichtung eher sein Ideal ab: die das reale, schlecht antagonistische Leben zu idealer Harmonie und Sublimation führende Kunstfigur des Orpheus.

Der zentrale musikalische Gedanke wird nach einer kurzen, von den charakteristischen Harfen- (oder Lyra-)Arpeggien des Orpheus geprägten Einleitung in den Hörnern exponiert, beginnend mit derselben Oktave auf g wie die Einleitung selbst (genaugenommen beginnt die Tondichtung allerdings mit einem Nichts oder einem Nochnicht: einer halbtaktigen Pause). Dann hebt, wieder in den Hörnern, das zur Sechstaktigkeit gedehnte erste und Hauptthema an, charakterisiert durch den Quintfall und die nachfolgende Ausfüllung des Quintraums:

Bereits der Nachsatz zu diesem Vordersatz ist eine Variante des Themas; und auch die beiden im Verlauf der Komposition folgenden prägenden Themen erweisen sich als Modifikationen dieser Themengestalt: ein (wenn man einen klassischen Sonatensatz-Grundriß zugrunde legen will) lyrisches Seitenthema in E-Dur und ein Motiv, in welchem die fallende Quinte durch die aufsteigende Quarte ersetzt ist und das sich in seinem steten Changieren zwischen Dur und Moll tonlich nicht recht greifen läßt. Diese Materialien gehen derart unmerklich ineinander über und ineinander auf, daß es keine unstatthafte Poetisierung der Musik darstellt, von einem steten Kostüm- oder Beleuchtungswechsel zu sprechen. Frappierend ist nicht allein die Farbigkeit dieses Wechselspiels, sondern auch seine konstruktive Dichte: Alles ist auseinander erklär- und aufeinander beziehbar – sogar die Harfenkaskaden hallen in der »Seitenthemen«-Variante des Hauptthemas wider.

*Die erste Seite des Autographs der symphonischen Dichtung »Orpheus«,
1854 (Liszt-Museum, Weimar).*

Darin nun läßt sich gleichsam auf höherer Ebene doch eine Verbindung zur *h-Moll-Sonate* sehen; denn auch dieses themenreiche Werk tritt trotz seiner Vielgestaltigkeit und seines Formenreichtums gewissermaßen auf der Stelle, läßt keine dynamische Entwicklung im Sinne eines echten Sonatensatz-Zyklus zu – ein Faktum, das wohl dafür verantwortlich ist, daß Arnold Schönberg in seinem Liszt-Aufsatz von 1911 davon sprach, Liszts Erneuerung der Form sei »mathematisch-mechanisch«, sei »Erweiterung, Kombinierung, Verschweißung«, und resultiere nicht aus dem »Ausdrucksbedürfnis« selbst.

Neues bringt indes die Coda der *Orpheus*-Dichtung, wenngleich auch dies Neue subkutan auf die harmonischen Verhältnisse des Anfangs bezogen ist. Dort ergeben die Harfenarpeggien zusammen mit dem Anfangston g der Hörner nacheinander eine Es-, A- und C-Tonalität; die Haupttonart C-Dur wird mithin von den im Kleinterzabstand benachbarten Tonarten Es- und A-Dur symmetrisch umfaßt. Die Oktave wird dadurch in vier gleiche Teile, in vier Kleinterzen, unterteilt – ein Verfahren, das so »antitonal« ist wie das verwandte in dem 1838/39 entstandenen Klavierstück *Il penseroso*, wo zu Beginn bei durchgehaltenem Ton e die Tonarten im Großterzabstand cis-Moll, a-Moll und F-Dur erscheinen (hier zweifellos als Tonsymbol melancholisch-grüblerischer Passivität). Am Ende der *Orpheus*-Tondichtung kehren die Klänge des Anfangs wieder, und in ätherischer Instrumentation erklingen nacheinander reine Dreiklänge in C-Dur, A-Dur, g-Moll, Es-Dur, Fis-Dur, G-Dur und C-Dur. Was am Anfang voneinander geschieden ist, kehrt in extremer Verdichtung wieder. Die Pause des Anfangs – Klangsymbol des Nichtseins – ist nun erfüllt von höchst verfeinerter Musik, das Ergebnis der (nach Liszts Auffassung) veredelnden Wirkung der Kunst auf die Menschheit, für welche Veredelung die allegorische Gestalt des Orpheus steht.

Zu dieser Tondichtung angeregt wurde Liszt nach eigenem Zeugnis durch eine etrurische Vase im Pariser Louvre; geschrieben wurde das Werk ursprünglich als Einleitungsmusik zu Christoph Willibald Glucks Oper *Orpheus und Eurydike*, die Liszt am 16. Februar 1854 in Weimar zur Aufführung brachte. Aber sein

Orpheus-Bild ist von dem Glucks charakteristisch verschieden. Für Liszt ist Orpheus nicht der Repräsentant einer leidenden Menschheit, sondern er wird dieser Menschheit als das schlechthin Andersartige entgegengesetzt (vgl. dazu: Arnfried Edler, *Studien zur Auffassung antiker Musikmythen im 19. Jahrhundert*, Kassel / Basel 1970). Liszt spricht in seinem Vorwort zu *Orpheus* davon, daß es die Mission der Kunst sei, zu »erweichen, besänftigen, veredeln«. Ihm ist die Orpheus-Darstellung auf der etrurischen Vase mithin weit mehr als bloße Abbildung: Er nähert sich ihr als einem ästhetisch-moralischen Auftrag. Diese Haltung, schreibt Edler, »beruht auf speziellen Voraussetzungen des 19. Jahrhunderts. [...] Der Betrachter nimmt dem Bild gegenüber die Haltung dessen ein, den das Dargestellte nicht informiert, sondern der es aus seinem Bewußtsein heraus beurteilt, ergänzt, kommentiert und der daraus ästhetische Befriedigung und Anregung schöpft.« Es ist ein Stück deutsch-idealistischer Kunstauffassung, verbunden vor allem mit dem Namen Friedrich von Schillers, dessen Gedicht *Die Ideale* Liszt drei Jahre nach *Orpheus* zu der gleichnamigen symphonischen Dichtung inspirieren sollte.

Unbefangen von »Programmusik« zu sprechen erscheint deshalb prekär: Weit mehr als ein Stück in Töne gesetzter Handlung oder ein komponiertes Tableau, ist *Orpheus* – und mit ihm andere symphonische Dichtungen Liszts – ein Stück klingender Philosophie und zugleich ein Dokument von Liszts Idealisierung des Künstlerischen überhaupt, zu welcher ihn der Anblick einer in leerem Kunstmechanismus und hohler Virtuosenanbetung erstarrten Gegenwart veranlaßte. Der mit Liszt befreundete Komponist Camille Saint-Saëns mag davon etwas geahnt haben, denn er schlug Liszt vor, das *Orpheus*-Programm dem Publikum besser zu verschweigen:

»Der *Orpheus* steht auf der Grenze zwischen absoluter und programmatischer Musik; für den größten Teil des Publikums wäre es am besten, man ließe es gehen und sich an der reizenden Musik wie der dabei geweckten Empfindungen ohne Nebengedanken erlaben. Das ist alles gewebt aus Sonnenstrahlen und Sternenglanz.«

Wagner aber nahm Liszts Identifikation mit der Orpheus-Gestalt auf und verabschiedete sich in einem Brief 1856 einmal mit den Worten: »Leb' wohl, Bester. Du lieber Orpheus!«

Zum Bild eines begnadeten Schauspielers gehört die Vorstellung von seiner magischen, die Massen bezaubernden Wirkung. Im Falle des Pianisten Liszt hat man für solche Bezauberung seiner »Fans« das sprechende Wort Lisztomanie oder Lisztomania geprägt – kein Neologismus aus unsern Tagen übrigens, sondern eine Wortprägung aus dem Frühjahr 1842, als Liszt in Berlin eine Serie von nicht weniger als 21 Konzerten gab. Seine charismatische Wirkung insbesondere auf das weibliche Geschlecht erreichte in jenen Jahren ihren Höhepunkt. Hatte nicht Liszt selbst (im Februar 1840) der Gräfin d'Agoult geschrieben: »Das ganze weibliche und aristokratische Publikum ist überall für mich, und zwar glühend und heftig. Damit kommt man weit…«? Ein anonymer Autor verarbeitete Liszts Berlinaufenthalt unter dem Titel *Berlin unter Liszt oder die Leiden einer Wertherin*, keinen Zweifel lassend über das erotische Potential, das in der »Beziehung« des (weiblichen) Publikums zu seinem Idol Liszt lag.

Die Faszination des Publikums durch Liszt und Liszts durch das Publikum ist Hauptgegenstand des umstrittensten Künstlerfilms, den der englische Regisseur Ken Russell bisher gedreht hat: *Lisztomania* von 1975, ein in seiner Mischung von dokumentarischer Präzision und überschießender Spekulation, ja phantastischer Imagination einzigartiges Liszt-Porträt. Russell besetzte die Titelpartie seines Liszt-Films mit dem Hauptdarsteller seiner mit der Gruppe »The Who« produzierten Rockoper *Tommy*, Roger Daltrey. Schon diese Tatsache läßt vermuten, daß er in Liszt den ersten »Superstar« unter den Komponisten sieht, und Liszts Filmauftritt vor einem vollen Saal tobender, ekstatisch hingerissener Jungmädchenfans bestätigt diese Optik vollends. Das Klavierrezital – eine von Liszt in das Musikleben eingeführte Präsentationsform von Musik – wächst in ein Rockkonzert über. In Liszts Traumbild hat sich das aristokratische Publikum in eine Horde williger Groupies verwandelt, die ihm, dem Magier der Musik, zu Füßen liegen.

Darin liegt nun freilich auch ein programmatisches Moment von Liszts Musik, und es erscheint zwar gewagt, aber nicht grundsätzlich unsinnig, eine Verbindung zum Orpheus-Mythos herzustellen. Hat nicht Orpheus, der Sänger, auf dem Rückweg vom Totenreich seine Geliebte Eurydike dadurch wiedererlangt, daß er die schaurigen Furien durch seine Musik betörte? Russell deutet in seinem Film das Orphische an Liszt radikal aus, bringt zudem die Wirkungsmacht der Lisztschen Musik in extremer Verkürzung auf den Begriff der sexuellen Lustbefriedigung: Nachdem Liszt die russische Prinzessin Carolyne kennengelernt hat, verbringt er mit ihr eine Liebesnacht. Der Koitus wird zum umgekehrten Geburtsakt: Liszt verschwindet in Carolynes gigantischer Vagina und findet sich inmitten der Schar seiner früheren Geliebten wieder. Diese – die Furien seines Lebens – beschwichtigt er mit der Musik seiner Tondichtung *Orpheus*. Sein riesenhaft angewachsener Phallus wird zum Zentrum einer magischen Feier und wird schließlich von den Frauen einer Guillotine zugeführt – Liszt solle von der Sklaverei des Fleisches erlöst werden. Da wacht der Filmheld Liszt von seinem Angst- und Liebestraum auf und erkennt in seinen nächtlichen Visionen die eigenen Allmachtgefühle und Ängste wieder.

Nationalität als Programm

Unter den symphonischen Dichtungen Liszts nimmt *Hungaria*, entstanden um 1848 (Endfassung 1854), insofern eine Sonderstellung ein, als sie keiner mythologischen Gestalt der Weltliteratur gewidmet ist, sondern dem Stilausdruck des Volkes, dem Liszt sich zunehmend zugehörig fühlte. Solche Identifikation mit Ungarn liegt bei einem Menschen, dessen Muttersprache deutsch und dessen Bildungsideal französisch orientiert war, keineswegs auf der Hand; erst recht nicht bei einem Künstler, der sich programmatisch einem grenzensprengenden Internationalismus (»Weltverband der Musiker«) verschrieben hatte und Weltläufigkeit als solche praktizierte. Die Fixierung auf Ungarn, die seit seinem 40. Lebensjahr immer stärker wurde, kontrastiert überdies mit der Wandererfigur Liszt, mit der ihm selbst bewußten Nähe zur Gestalt des »Ewigen Juden«. Liszt deutete dies als eine Art Familientradition, wenn er noch im Juli 1862 aus Rom seiner (in Paris seßhaft gewordenen) Mutter Anna schrieb: »... nebenbei bemerkt, waren Sie dort« – »daheim bei uns«, gemeint ist das burgenländische Raiding – »niemals recht heimisch, und auch mein Lebensweg hat mich nicht in die alte Heimat zurückgeführt!«

In der Geschichte von Liszts Komponieren sprach eigentlich nichts für die Notwendigkeit einer Bindung an Ungarisches. Begonnen hatte er im zeitgemäßen Stil der brillanten Wiener Klavierschule, hatte italienische Kantabilität à la Bellini oder Donizetti und die Musik Schumanns und Chopins in sich aufgesogen; unter Verschmelzung der deutschen symphonischen Tradition Beethovens und der Programmsymphonik von Berlioz schuf er eine neue Gattung, die symphonische Dichtung. Allerdings finden sich schon im Frühwerk »ungarische« Stücke, so die 1828 komponierten beiden *Sätze ungarischen Charakters* für Klavier und 1840 drei *Ungarische Märsche*, vermutlich direkte Folgen der Verleihung des »Ehrensäbels«, den Liszt in ungarischer Nationaltracht entgegennahm – eine außerordentliche Ehrung mit dem Attribut des ungarischen Adels.

Liszts »Kurswechsel« vom heimatlos-weltläufigen Wanderer zum ostentativen Ungarn, der mit der Ehrensäbel-Verleihung gleichsam vorbereitet wurde und in den fünfziger Jahren voll durchschlug, ist häufig beargwöhnt worden. Kaum ein Karikaturist vergaß, Liszt einen riesenhaften Säbel umzuhängen, der ihm wie die viel zu große und viel zu schwere Waffe eines nicht zum Kampf geborenen, bedauernswerten Kriegers anhängt. Man sah in Liszts stolzer Entgegennahme der außerordentlichen Ehrung – in einem Brief von 1840 weist Liszt einmal den Vergleich seiner Ehrung mit den »normalen« enthusiastischen Gunstbezeugungen des Publikums zurück – das Zeichen eines weiteren schauspielerischen Rollenwechsels. Heinrich Heine widmete dem »Ritter« Liszt in einem seiner resignativen Nachmärz-Gedichte mit dem Titel *Im Oktober 1849* einige Strophen. Liszts Name taucht hier auf im Zusammenhang mit verschiedenen »restaurativen« Erscheinungen, die der Dichter zu einem kritischen Stimmungsbild der europäischen nachrevolutionären

Epoche bündelt. Deutschland, heißt es in der ersten Strophe, erfreut sich wieder seiner Weihnachtsbäume; wenn es knallt, dann
allenfalls zur Goethe-Feier, und die Sängerin Henriette Sontag
ist auch wieder emporgetaucht – »die alte Leier«. Zu Liszt und
seinem, wie Heine unterstellt, bloß theoretischen Engagement
für die 1849 von der russischen Armee niedergeschlagene ungarische Befreiungsbewegung heißt es:

> »Auch Liszt taucht wieder auf, der Franz,
> Er lebt, er liegt nicht blutgerötet
> Auf einem Schlachtfeld Ungarlands;
> Kein Russe, noch Kroat hat ihn getötet.
>
> Es fiel der Freiheit letzte Schanz,
> Und Ungarn blutet sich zu Tode –
> Doch unversehrt blieb Ritter Franz,
> Sein Säbel auch – er liegt in der Kommode.
>
> Er lebt, der Franz, und wird als Greis
> Vom Ungarkriege Wunderdinge
> Erzählen in der Enkel Kreis –
> ›So lag ich und so führt ich meine Klinge!‹«

Liszt habe wieder einmal – so hieß es – auf der Klaviatur der
Lebensrollen gespielt, habe sich planvoll-absichtlich – und im
Zweifelsfall immer: aus Reklamegründen! – eine neue Identität
als Ungar zugelegt.

Für diese Verdächtigung besteht insofern kein Anlaß, als Liszt
ja tatsächlich auf ungarischem Boden geboren worden war; daß
er die Landessprache nicht beherrschte, war damals überhaupt
nichts Ungewöhnliches. Er war Ungar, auch wenn er deutscher
Muttersprache und französischer Bildung war; die Ernennungs-
urkunde zum Domherrn von Albano vom 19. Juli 1873 irrt, wenn
sie formuliert, Liszt sei »nationale Germanus«. Schon das zwölf-
jährige Kind wurde anläßlich eines seiner ersten Konzerte in
Pest als Ungar (nach anderer Lesart allerdings als »Neuling«)
begrüßt, und Franz trug im Konzert die ungarische Tracht.

Wenn er indes wenige Jahre später mit besagten *Sätzen ungarischen Charakters* hervortrat, so lag darin noch keineswegs ein eindeutiger Akt nationaler Identifikation. Der ungarische Zungenschlag gehörte musikalisch zum Repertoire der Wiener Klassiker und der daran anschließenden brillanten Schule; Carl Maria von Weber beherrschte ihn ebenso wie Franz Schubert und später Johannes Brahms. Nichts Gewöhnlicheres also, als daß auch Liszt in seiner Frühphase die »Fremdsprache« Ungarisch in der Musik sprach. Hätte er es bei diesen hungarisierenden Stücken und bei den ersten *Ungarischen Rhapsodien* bewenden lassen – er wäre nicht als »ungarischer Rhapsode« und »Zigeunermusikant« par excellence in das populäre Musikbewußtsein eingegangen.

Um 1850 aber begann sich Liszt in gesteigertem Maß seiner ungarischen Herkunft bewußt zu werden, und dieses neue Bewußtsein hinterließ in seinem Œuvre ganz unmittelbare Spuren. Nicht nur überarbeitete er die zwischen 1839 und 1847 entstandenen *Ungarischen Nationalmelodien* zu den ersten *Ungarischen Rhapsodien* (die letzten vier der 19 Klavierstücke entstanden in den achtziger Jahren); er komponierte auch die *Hungaria*-Tondichtung und die *Fantasie über ungarische Volksweisen* für Klavier und Orchester, schrieb die *Elisabeth-Legende* (ein Oratorium auf ein nationales ungarisches Sujet) und anderes. Vollends sein Spätstil mit der *Ungarischen Krönungsmesse*, den diversen ungarischen Märschen, den *Csárdás* und den *Historischen ungarischen Bildnissen* (mit welchen Liszt – so in einem Brief an die Fürstin Sayn-Wittgenstein von 1885 – »in den Magyarismus eingetaucht« war) ist überdeutlich geprägt vom Willen zu einer stofflich und idiomatisch »magyarischen« Musik.

Liszts Ungartum erscheint in der Literatur polarisiert entweder als falsche Attitüde oder als wahrer Ursprung seines Schaffens. Raabe meinte in seinem Büchlein *Wege zu Liszt*, geschrieben 1943 in Deutschland, daß Liszt alles Nationalgefühl, »jegliche nationale Veranlagung als Quelle« gefehlt habe – um ihn, paradox, aber zeitüblich, dezidiert als Deutschen zu feiern. Umgekehrt verwendet ein Großteil der ungarischen Musikgeschichtsschreibung bis in die jüngste Zeit beträchtliche argumentative

Az uj zene-akadémiában.

»Bekenntnis und Reue eines Ehrenfranziscaners, Ehrensäbelinhabers und Ehren-Doctors«, Karikatur aus »Punsch«, München 1857 (oben links). – »Ritter Liszt«, Karikatur von Alcide Joseph Lorentz aus »Miroir drolatique«, 8. Juli 1842 (oben rechts). – »Laissez-venir à moi les enfants prodigues!«, Karikatur aus »Bolond Istòk«, 1885 (unten).

Mühe darauf, gerade im ungarischen Volksidiom die »reine Quelle« von Liszts Musikalität und ihn selbst als flammenden Patrioten zu feiern.

Eindimensional sind beide Erklärungen allein schon deshalb, weil sie die Dynamik, die Entwicklungsfähigkeit von Liszts Nationalgefühl leugnen. Überdies unterschlagen sie beide die real-künstlerischen, das heißt kompositorischen Gründe, die Liszt – und sei es unbewußt – zur ungarischen Musiksprache hinführten, ja hinzwangen. Diese Schwierigkeit des Deutens und Verstehens ist von Liszt allerdings mitverursacht worden; paradoxerweise gerade dadurch, daß er sich theoretisch um die »Zigeunermusik«, die er für die wahre ungarische Musik hielt, bemühte.

Liszt hat seine berühmt-berüchtigte Schrift *Des Bohémiens et de leur musique en Hongrie (Die Zigeuner und ihre Musik in Ungarn)* 1859 in französischer Sprache und 1861 in deutscher Übertragung von Peter Cornelius herausgebracht; eine beträchtlich abweichende Fassung erschien als Band 6 der von Lina Ramann herausgegebenen *Gesammelten Schriften* 1883. Das in 24 Kapitel gegliederte Werk ist in Wirklichkeit die Gemeinschaftsproduktion von Liszt und der Fürstin Sayn-Wittgenstein; in Briefen an die Fürstin spricht Liszt des öfteren von »*nos* Bohémiens« oder »notre volume«, und es ist ohnehin kein Geheimnis, daß schriftstellerische Arbeiten von solchem Umfang nicht Liszts, wohl aber der Fürstin Stärke waren. Der Verantwortung für das Geschriebene enthebt ihn diese Tatsache freilich nicht. Insbesondere die zentralen musikalischen Thesen dieser Schrift stammen sicherlich von Liszt – und diese erregten, neben dem »Israeliten«-Kapitel, in besonderem Maße Anstoß. Behauptet Liszt hier doch nichts anderes als die Nichtexistenz einer genuinen ungarischen Nationalmusik, um mit um so größerer Inbrunst das Lob der »Zigeunermusik« zu singen. Die Zigeuner aber sind nicht das ungarische Volk, sondern aus Indien stammende Wanderer, die in geringem Ansehen standen.

Wenn Liszt also die Zigeunermusik bemühte, um den Vorrang der ungarischen Musik zu begründen, so bediente er sich einer logischen Operation, die unter nationalbewußten Ungarn Unverständnis und Unmut stiften mußte. Doch war sein *Zigeuner-*

Buch im Grunde auch keine Apologie der volkstümlichen, authentischen Zigeunermusik, denn was er, ohne selbst systematische Feldforschung betrieben zu haben, für echte Zigeunermusik hielt, war überwiegend die Musik adliger ungarischer Dilettanten oder »künstliche« Bauernmusik, wie man sie von Zigeunerkapellen in den städtischen Kaffeehäusern hören konnte. Erst mit Béla Bartók und Zoltán Kodály begann die wissenschaftliche Erforschung der autochthonen Musik der ungarischen Bauern.

Einen der tiefsten Eindrücke von Zigeunermusik empfing Liszt nach seiner teilweise mit Zigeunern verbrachten Kindheit im großstädtischen Wien. Dort hörte er als Jüngling den berühmten Violinvirtuosen János Bihari spielen, den Sohn eines Zigeunermusikanten aus dem Komitat Preßburg und einen typischen »domestizierten Zigeuner«, wie ihn sich höfische Kreise als exotisches Reizmittel hielten. Ein späterer Domestizierungsversuch Liszts an einem aus Ungarn nach Paris »importierten« Zigeunerjungen namens Jozy oder Joschi mißglückte ebenfalls – trotz der besten Musiklehrer, die Liszt ihm vermittelte: Der junge Musikant erwies sich zwar, wie Liszt in seinem *Zigeuner*-Buch schildert, als begnadeter Charmeur und Dandy, war indes nicht von seiner Violine und seiner angestammten Art, auf ihr zu musizieren, abzubringen. Als Jozy einmal in Wien mit seinen früheren Kameraden zusammentraf, zögerte er nicht lange und schloß sich ihnen wieder an. »Kaum waren sie wieder zusammen, als Jozy und die ganze Bande verschwanden: Sie verließen die Stadt, um das verlorne Kind dem Vater des Stammes zu zeigen«, heißt es in *Des Bohémiens et de leur musique*.

Liszts Versuch der Assimilation – oder, auf dem Hintergrund seiner eigenen Lebensproblematik betrachtet, einer Rollenübertragung – des Zigeunerjungen Jozy war gescheitert, so wie Liszt im Grunde auch theoretisch beides verfehlte: die Erkenntnis der echten Zigeunermusik, die er partiell mit domestizierter Halbvolksmusik verwechselte, und die Konstruktion einer »typisch ungarischen« Musik, für welche er zum Entsetzen der ungarischen Musikhistoriker ausgerechnet die in Ungarn beargwöhnten Zigeuner als Träger auserwählte.

Ein Liszt-Lied aus dem Jahre 1860 vermag eine Vorstellung davon zu geben, wie unzeitgemäß im Grunde der Rekurs auf die Zigeuner in der geschichtlichen Situation der nationalen Identitätsbildung Ungarns war. Denn *Die drei Zigeuner* – so der Titel des Liedes auf ein Gedicht von Nikolaus Lenau – scheinen weder über ein explizites (ungarisches) Nationalbewußtsein zu verfügen, noch ist ihnen ein irgendwie aktiver Weltbezug eigen: Ihre Seinsweise ist untätiges Träumen, selbstgenügsames Musizieren: ein anarchischer Privatismus. Der Dichter beschreibt schonungslos das Faszinosum solch trotziger Weltverachtung, und der Komponist distanziert sich mit keinem Ton von dieser Verherrlichung gesellschaftlicher Disfunktionalität: Liszt wendet für seine Vertonung die schönsten Tziganismen (erhöhte Quart bereits im Klaviervorspiel, Zymbalimitation, sogar in der Singstimme) auf. Die »trotzig freie« Verachtung der »Erdengeschicke« entsprach seinem eigenen Lebensgefühl, das nach der Identifikation mit der romantischen »indifférence« nur die Maske gewechselt hatte.

Liszts Faszination durch die »Zigeunermusik« blieb natürlich von den Bedenken gegen ihre begriffliche Grundlage unberührt. Dabei bemühte sich das Autorengespann Liszt / Sayn-Wittgenstein durchaus, der Zigeunermusik auch theoretisch gerecht zu werden – nur trafen dessen Beschreibungen eben bestenfalls eine idealisierte volkstümlich-urbane Unterhaltungsmusik, mit welcher ein Wandervolk sein Geld verdiente. Theoretisch läßt sich das Faszinosum dieser Musik für Liszt in drei Kategorien gliedern: »Material«, »Verarbeitungsweise« und »Vortragsstil« beziehungsweise »Klangideal«.

Auf der Materialebene war es die sogenannte Zigeunertonleiter, die Liszt begeisterte: die Molltonleiter mit erhöhter vierter und siebter Stufe (in a-Moll: a-h-c-dis-e-f-gis-a); ein Leitermodell, das in der ungarischen Bauernmusik unbekannt ist, aber von den Zigeunern mit genialem Spürsinn für den Reiz dieser Melodik eingeführt und gepflegt wurde. Zeugnisse für den Einfluß der Zigeunermodalität auf Liszt sind natürlich in erster Linie die *Ungarischen Rhapsodien*, in deren Melodik sich häufig die hochalterierte Quart findet (beispielsweise im Allegretto-Teil der

Rhapsodie Nr. 3 mit dem Motiv g²-d³-cis³-b²-a²-g²). Aber Liszt beschränkte seine Integration dieses Zigeunerelements nicht auf die sozusagen künstlich folkloristische Musik der *Rhapsodien*, sondern nutzte sie als Quelle melodischer und harmonischer Neuerungen sogar in der mit höchstem Prestige ausgestatteten Gattung: der Sonate. Die *Klaviersonate h-Moll* beginnt nach der dreimal angeschlagenen Doppeloktave g mit einer absteigenden g-Moll-Tonleiter mit tiefalterierter zweiter Stufe; diese Tonfolge wird sogleich »korrigiert« durch eine zweite auf g bezogene Leiter, die nun vollends dem Zigeunermoll entspricht:

Daß Liszt von Anfang an der *Sonate* einen Hauch von Zigeunertonfall geben wollte, zeigt eine vom Januar 1851 stammende Skizze, die in der Dissertation von Sharon Winklhofer wiedergegeben ist. Sie weist zu Beginn der Sonate noch keine vollständige Tonleiter auf, markiert aber deutlich die für die Zigeunertonleiter auf g charakteristische übermäßige Sekund zwischen dritter und vierter Stufe: (g-a-)b-cis ...

Liszt spricht in seiner *Zigeuner*-Schrift vom »höchst seltsamen Schillern« und vom »blendenden Glanz« der zigeunerischen Molltonleiter. Das ist jedoch nur die eine Seite der Medaille; die andere ist die Eignung dieser Skala zum Ausdruck von Trübsinn oder unbestimmter Sehnsucht, von welchen einige Spätwerke Liszts deutlich geprägt sind. Das intervallische Material, auf welchem etwa *Nuages gris* oder *Unstern!* ihre düstere Ausstrahlung aufbauen, ist im Kern die erhöhte Quart (Tritonus), wie sie für die Zigeunertonleiter gleich doppelt typisch ist.

Durch die Zigeunertonalität gerät das System der funktionalen Dur-Moll-Tonalität tendenziell aus den Fugen: Auf der erhöhten vierten Stufe läßt sich keine reguläre Subdominante aufbauen. Liszt pries denn auch das Modulationssystem der Zigeuner, das »auf einer Art totaler Verneinung jeglichen hieher bezüglichen Systems beruht. Die Zigeuner kennen in der Musik so wenig als anderswo irgend welche Prinzipien, Gesetze, Regeln, Disziplin. Alles ist ihnen gut, alles ist ihnen erlaubt, vorausgesetzt: es gefällt ihnen; vorausgesetzt: ihr Gefühl geht darüber hinaus! [...] Vermittelnde Modulationen sind in ihren Augen so wenig obligatorisch, daß man sie [...] als eine Entartung der modernen Zeiten, als ein Verlöschen, ein Verwischen des ursprünglichen Typus betrachten kann. Die Übergangsakkorde sind mit wenigen Ausnahmen bei dem kecken Angriff einer Tonart nach einer andern völlig ausgelassen, insbesondere wenn es echte (genuine) Zigeunermusik ist, die man hört.«

Zur typischen Verarbeitungsweise dieses Materials gehört auch die spezifische Rhythmik des Verbunkos, der im *Csárdás* aufging – lebhafter ²/₄- oder ⅛-Takt mit häufigen Synkopen, Punktierungen und Triolen sowie einer spezifischen rhythmischen Kadenzformel.

»Diese Rhythmen«, heißt es in Liszts Zigeunermusik-Schrift, »sind biegsam wie die im Abendwind wehenden Zweige einer Trauerweide; ihre Regel ist Regellosigkeit, und sie gehen anmutig oder kraftvoll von binärer zu ternärer Bewegung über, je nachdem wildbewegte oder gemilderte Eindrücke es fordern.«

Auch das rhythmische Element des »Zigeunerstils« verarbeitete er nicht allein in den *Rhapsodien*, sondern auch in Spätwerken bis hin zum *Csárdás macabre* von 1881 / 82 und dem allerspätesten *Csárdás obstiné*. Als Liszt sich einmal über sein Begräbnis Gedanken machte, sprach er den Wunsch aus, daß als Begräbnismusik die Ode *La notte*, die Neufassung von *Il penseroso*, erklinge – »à cause du motif à cadence magyare«, wegen der Zigeunerkadenz (rasches Wechselnotenmotiv). Cosima Wagner gewährte ihm den Wunsch nicht: Zur Beerdigung erklang keine Musik, und im Bayreuther Requiem für Liszt improvisierte Anton Bruckner auf der Orgel über das erste *Parsifal*-Motiv.

Eng mit dem rhythmischen Impetus der Zigeunermusik verbunden ist nach Liszts Auffassung deren ornamentale Pracht und Fülle, womit sogleich der improvisatorische Vortragsstil und das Klangideal der »idealen« Zigeunermusik angesprochen sind:

»Der echte Zigeunerkünstler ist derjenige, der ein Tanz- oder Liedmotiv nur wie das Motto einer Rede, wie das Epigraph eines Gedichtes aufnimmt und während einer fortgesetzten Improvisation die Idee, die er nie ganz verläßt, umschweift und umschreibt.«

Ihm schwebt klanglich das Zigeunerorchester auf der Klangbasis von Violine und Zymbal vor – letzteres das Instrument, das Liszt in den *Ungarischen Rhapsodien* meisterlich nachahmte und von welchem er fälschlich behauptete, es werde in Ungarn nur von Zigeunern gespielt. Der Versuchung, für ein derartiges Zigeunerorchester zu komponieren, hat Liszt indes widerstanden; er bearbeitete lediglich sechs seiner *Rhapsodien* für Orchester – unter Mitarbeit von Albert Franz Doppler –, aber unter gänzlichem Verzicht auf die Imitation einer Zigeunerkapelle. Doch ging der ungarisch-zigeunerische »Ton« in ein Lisztsches Werk ein, in welchem man nicht unbedingt die Werbetanzatmosphäre erwartet: in die *Ungarische Krönungsmesse* von 1867, die neben vielen andern Stilschichten (streng ostinates Graduale, einstimmig-gregorianisierendes Credo, an Stellen im *Requiem* von Berlioz gemahnendes, das eigene Kyrie zitierendes Agnus Dei) ein Offertorium kennt, dessen Violinsolo das Vorbild zigeunerischen Geigenschmelzes nicht verhehlt und sogar an das für die Verbunkos typische Zusammenschlagen der Hacken denken läßt.

Magyarische Rebellen und Denkmäler

Liszt macht in seiner *Bohémiens*-Schrift kein Geheimnis daraus, daß seine Zigeunerliebe auch Momente sentimentaler Kindheitserinnerung enthalte, und mehr noch: daß er sich nicht nur durch seine Herkunft, sondern auch durch seine Biographie mit ihnen verbunden fühlte. Denn er war »wandernder Virtuose«, wie die Zigeuner »es in unserem Vaterland sind«. Ein Passus in diesem zehnten Kapitel macht gleichwohl mit unfreiwilliger Deutlichkeit klar, welcher Abstand zwischen Liszt und den »echten« Zigeunern herrschte, welches Verhältnis von Gebendem und Bittenden (oder Bettelnden) die Identifikation stören mußte:

»Wenige Dinge haben uns in unserer frühesten Jugend so lebhaft ergriffen als das von den Zigeunern an der Schwelle jedes Palastes, jeder Hütte aufgegebene Rätsel, wenn man ihnen das Almosen spendete, um ein paar ganz leise ins Ohr geflüsterte Worte oder ein paar laut gespielte Tanzmelodien, um ein paar Lieder, wie sie kein Gebildeter singt, bei welchen Liebende in Entzücken versinken und welche Liebende doch nicht selbst erfinden können!«

Ist Liszt damit nicht erneut in die Falle gelaufen, welcher er durch die Beendigung seines Virtuosenlebens entgehen wollte – verherrlichte er nicht schon wieder einen für Geld und Dankbarkeit spielenden Musikertyp, gar nicht so fern dem Schreckbild vom Zirkushündchen Munito?

Es scheint so. Aber man kann Liszts Zigeunerbegeisterung auch anders sehen, den gleichen Sachverhalt ohne Pathos des Entlarvens formulieren: Liszt projizierte eine Seite seiner facettenreichen Persönlichkeit in den Zigeunermusikanten, und nicht zufällig war dies gerade eine Seite, die er seit den späten vierziger Jahren in sich zu unterdrücken begonnen hatte. Der betörende, mit gleichsam magischer Wirkung ausgestattete Virtuose in Liszt ist tot – es lebe seine Transpositionsfigur, der Zigeunerprimas, dessen musikalische Freiheit Liszt nicht zu preisen, dessen Zauber der Ausstrahlung er nicht hervorzuheben müde wird. In den fünfziger Jahren verglich Liszt einmal die Wirkung, die ungarische Zigeunerkapellen auf ihn ausübten, mit »einer Sorte Opium, dessen ich manchmal bedürftig bin«. Mit den *Ungarischen Rhapsodien* wechselte er von der Seite des Rauschgiftkonsumenten auf die des Produzenten über, und mit seiner *Zigeuner*-Schrift beschrieb er theoretisch sein eigenes Ideal wirkungsmächtiger Musik, dem er durch den Verzicht aufs Virtuosendasein eben noch abgeschworen hatte.

Natürlich lautete Liszts »offizielle« Rechtfertigung seiner Neozigeunermusik ganz anders. Er wolle, heißt es in der Vorrede zu den *Rhapsodien* von 1852, das in der Musik der Zigeuner angelegte »Volksepos« neu schreiben. »Diese Fragmente« – so nennt er die *Rhapsodien* in bezug auf das Ganze des Epos – »erzählen allerdings keine Tatsachen, aber Ohren, die zu hören verstehen, werden den Ausdruck eines gewissen Sehnens aus ihnen erlauschen, nach dem Ideal eines ganzen Volkes.« Der »Schauspieler« hatte Kostüm und Maske gewechselt; aber unter der neuen Verkleidung eines Stifters einer ungarischen Nationalmusik auf dem Boden der Zigeunerkunst lugte der »Spielmann« (wie Raabe den Virtuosen Liszt nennt) hervor.

Es gibt noch einen zweiten Faktor der Kontinuität zwischen Liszts Virtuosenjahren und seiner späteren »ungarischen« Periode. Die Zigeunerfaszination war auch ein Ausdruck seines frühen »soif d'Orient«, den er einst seinem Freund Franz von Schober gegenüber bekannt hatte und von welchem die Ahasver-Lektüre wie auch das Opernprojekt *Sardanapale* (1846–51, unvollendet) zeugen. Denn Liszt war sich – darin täuschen sich manche ungarischen Kritiker, die ihm naive Unwissenheit über ungarische Nation und Zigeunertum vorwarfen – des Unterschieds sehr wohl bewußt, wie ihm auch die Herkunft der Zigeuner aus Indien durchaus bekannt war. In einem Brief von 1874 nannte er einmal das für die Zigeunertonleiter charakteristische Intervall der übermäßigen Quart »das orientalische Intervall«. Aber bereits die Vorrede zu den *Ungarischen Rhapsodien* reflektiert das Verhältnis von Magyaren und Zigeunern:

»Die Magyaren adoptierten die Zigeuner als nationale Musiker. Sie identifizierten sich vollständig mit dem stolzen, kriegerischen Enthusiasmus, mit dem tiefen Schmerz, der so voll aus diesen Klängen ihnen entgegentrat.«

Mit seinen späten »ungarischen« Werken stieß Liszt gleich in doppelter Hinsicht in einen Hohlraum. Denn erstens erlitt die Bewegung, aus der volkstümlichen ungarischen Musik eine seriöse Kunstmusik zu bilden, um 1867 – Jahr des »Ausgleichs« zwischen Österreich und Ungarn – einen Einbruch: Mit dem Tod Mihály Mosonyis ging eine hoffnungsvolle Phase der ungarischen Nationalmusik zu Ende, an welcher auch Liszt mit Werken wie der *Ungarischen Krönungsmesse* seinen Anteil hatte. Bence Szabolcsi charakterisierte jene Entwicklung so:

»Vergebens schwillt die Bevölkerung von Budapest, der emporkommenden Hauptstadt, an, vergebens zecht die Provinz; all das überdeckt einen Abgrund, der gleichzeitig Klüfte in der nationalen Kunst bedeutet, Widersprüche, die sich nicht dauernd durch städtischen Pflanz und provinziellen Klimbim bemänteln lassen. Zwischen Stadt und Dorf tut sich ein tiefer Abgrund auf, die wahre Bildung und der ungarische Provinzialismus lösen sich voneinander, das kosmopolitische Großbürgertum trennt seinen Geschmack von jenem des zigeunerlauschenden Landjunkertums, die großen musikalischen Institutionen haben den ungebildeten Massen Ungarns nichts mehr zu sagen.«

Liszts persönlicher Pessimismus, seine Traurigkeit und Einsamkeit hingen ganz unmittelbar mit dieser Entwicklung zusammen. Der späte Liszt, der ungefähr ein Drittel des Jahres in Budapest verbrachte und als Professor am Nationalkonservatorium lehrte, wurde zur grauen Alltagserscheinung in Ungarn – er, dessen Pester Virtuosenkonzerte man triumphal gefeiert und dessen »Heimkehr« nach Ungarn man einst mit allen Mitteln gefördert hatte, geriet am Ende in Vergessenheit. Der Liszt-Schüler August Stradal bemerkte sarkastisch, das ungarische Nationalkonservatorium wetteifere in der Ignorierung der Lisztschen Werke mit der Akademie.

Zweimal geriet Liszt mit der revolutionären ungarischen »Rákóczi«-Thematik in die Mühlen der politischen Zensur. Zuerst 1840, als er den in Konzerten in Pest und Petersburg viel gespielten ersten *Rákóczi-Marsch* veröffentlichen wollte und man ihm den Druck untersagte (»Wohlgemerkt, er hatte weder eine Überschrift noch irgendwelchen Text, außer f.p.«, schrieb Liszt an Marie d'Agoult). Das zweitemal erntete Liszt mit einem seiner »ungarischsten« Werke nicht allein Undank, sondern verursachte beinahe einen politischen Skandal. Sein Kernstück ist das »Rákóczi«-Lied (»Hej Rákóczi, Bercsényi!«), eine alte ungarische Melodie, die seit den Freiheitskämpfen Ungarns gegen Österreich im frühen 18. Jahrhundert eine nationale Rolle spielte. Liszt hatte schon als Zwölfjähriger eine der *Rákóczi*-Varianten im Konzert gespielt und griff das revolutionäre Liedthema in seinem für die Eröffnungsfeier des Budapester Königlichen Opernhauses geschriebenen *Ungarischen Königslied* wieder auf, allerdings mit einem von Kornél Ábrányi neu gedichteten, geradezu peinlich königstreuen Text (»Auf Magyaren! wenn Gefahr der Krone droht; für den König, für den Thron frisch in den Tod!«). Wie wichtig Liszt diesen Kompositionsauftrag nahm, belegt die Tatsache, daß er das Stück in nicht weniger als neun Fassungen zu Papier brachte: für Orchester, für Männerchor a cappella, gemischten Chor a cappella, Männerchor mit Begleitung, gemischten Chor mit Begleitung, Baritonsolo und Begleitung (die Hauptvariante), zwei- und vierhändige Klaviertranskription sowie für Knaben- oder Mädchenchor mit oder ohne Begleitung (die Weise ist übrigens nicht identisch mit dem »Rákóczy-Marsch«, den Berlioz im ersten Teil seiner *Damnation de Faust* und Liszt in seiner *Ungarischen Rhapsodie Nr. 15* aufgreifen).

War es provozierende Absicht oder schiere politische Naivität, die Liszt so handeln ließ? Wie konnte er sich über die Tatsache Illusionen machen, daß ein bekanntes Revolutionslied auch dann, wenn man es durch einen neuen Text gleichsam umzupolen versucht, seinen Stachel bewahrt? Es kam, wie es kommen mußte: Der frisch erkorene Budapester Opernintendant Frigyes Podmaniczky untersagte die Aufführung des *Königslieds*, weil ihm ein »allgemein bekanntes und gegen das allerhöchste Herrscherhaus gerichtetes revolutionäres Lied« zugrunde liege. Auch der damalige Operndirektor Sándor Erkel unterschrieb diesen Absagebrief. Der Komponist bekannte, das Kurutzenlied gekannt zu haben, ohne sich indes »um den Geist seines einstigen revolutionären Textes weiter zu kümmern«, berief sich auf die barocke Praxis der Umtextierung (»Parodie«) und formulierte den gestanzten Satz: »Musik bleibt immerdar Musik«.

Klingende Denkmäler wie Liszts *Rákóczi*-Kompositionen sind auch die späten *Historischen ungarischen Bildnisse*, doch beziehen sie sich nicht auf den Freiheitskampf des ungarischen Volkes an sich, sondern auf große ungarische Zeitgenossen Liszts (und damit freilich wiederum mittelbar auf den Kampf Ungarns um nationale, kulturelle Eigenständigkeit): den Politiker und Schriftsteller Graf István Széchenyi, den Minister József Eötvös, den romantischen Dichter Mihály Vörösmarty, den Kossuth-Anhänger Graf László Teleki, den Justizminister und Baumeister des »Ausgleichs« Ferenc Deák, den Freiheitsdichter Sándor Petöfi und den Komponisten Mosonyi. Die vier Stücke zu Széchenyi,

Eötvös, Teleki und Deák entstanden 1885, die restlichen führen in die siebziger Jahre zurück. Sie alle aber sind bemerkenswerte Dokumente von Liszts Spätstil – und seiner Fähigkeit, unterschiedliche musikalische »Haltungen« zu fixieren.

Diese klingenden Monumente bilden übrigens bei weitem nicht Liszts erste Auseinandersetzung mit dem Denkmalswesen: Seit er 1839 dem Bonner Beethoven-Komitee seine finanzielle und moralische Unterstützung für ein Beethoven-Denkmal des Florentiner Bildhauers Lorenzo Bartolini zugesichert hatte, konnte er sich jahrelang in der Rolle des wahren Vaters dieses Monuments sehen (es wurde freilich nicht von Bartolini, sondern von Ernst Hähnel verwirklicht). Liszt hatte ein Fünftel des Betrags gespendet und brachte anläßlich des die Enthüllung flankierenden Beethoven-Musikfestes seine erste *Beethoven-Kantate* zur Uraufführung – ein Werk, das er später unter die besten Stücke seines Œuvres einreihte. Eine zweite Kantate, *Zur Säkularfeier Beethovens*, folgte 1869/70. Und später war es nicht zufällig ein »Beethoven-Monument-Concert« in Wien, das ihm im März 1877 mit der Interpretation des *Klavierkonzerts Es-Dur* einen der seltenen pianistischen Auftritte seines Alters abtrotzte.

Solcher Sinn für Denkmäler in Stein und hehren Klängen erscheint in den späten *Bildnissen* höchst eigentümlich transformiert. Der große theatralische Faltenwurf, das kollektive Pathos, sie sind in diesen sieben Klavierstücken wie ausgespart, blitzen nur in fragmentarischen Gesten wie den doppelt punktierten A-Dur-Motivfetzen des zweiten Stücks auf. Der späten Einsamkeit Liszts, der eine Schar jüngst verstorbener ungarischer Heroen im Geist um sich schart, korrespondiert eine gleichsam privat gewordene Musik; Musik, die sich dem »gewöhnlichen Musikgebrauch und -betrieb« versagt um der Reinheit ihrer Form und um der Wahrheit ihres Gehalts willen.

Freilich waltet zwischen der Widmung der sieben Stücke an offizielle Repräsentanten ungarischer Politik und Kultur einerseits und dieser privaten Musiksprache andererseits ein tiefgreifender Widerspruch, der in den Stücken selbst Spuren hinterließ. Wenn man so will, ist es wiederum ein Rollenkonflikt – zwischen Liszt als (halb selbsternanntem, halb anerkanntem)

»Nationalmusiker« Ungarns und als stets noch kompositorisch bewußtem, das heißt auf ständiger Suche nach neuen Ausdrucksformen befindlichem, autonomem Künstler.

Am radikalsten vielleicht wirkt das erste Stück, das in d beginnt und auf cis endet, durch die irritierende Magie seiner Wiederholungen. Jeder musikalische Kleinstabschnitt (von »Phrase« zu sprechen wäre verfehlt) scheint wie unter Wiederholungszwang zu stehen, die kurzen Viertakter in raschem »feroce«-Tempo und Allabreve-Takt fügen sich in äußerst künstlich wirkender Anordnung zu schematischen Paaren. Im Schlußteil notiert Liszt auf einem eigenen Notensystem eine in langsamen Oktaven geführte, mit »Trompeten« bezeichnete Stimme; aber es ist unklar, ob daraus der Plan einer Orchesterfassung abgeleitet werden kann. (Ähnlich heißt es im fünften, Deák gewidmeten Stück am Schluß: »Orchester«.) Ein anderes, wie eine private Erinnerung wirkendes Stilmittel begegnet einem im zweiten, Eötvös zugeeigneten Stück, wo inmitten eines von schroffen »marcatissimo«-Rhythmusfiguren bestimmten Kontextes ein langsamerer, sanglicher G-Dur-Abschnitt eingeschoben wird, der in seiner an ein Chopin-Nocturne gemahnenden Faktur nichts von ungarischem Stil und von der Auflösung der musikalischen Sprache weiß.

So untypisch solche komponierte Unschuld für den Spätstil Liszts ist, so typisch sind die einstimmigen Anfänge des ersten, dritten, fünften und sechsten Stücks, sind die Glockenklänge zu Beginn des vierten und siebten Bildnisses, sind mancherlei Anleihen an die Zigeunertonalität. Diese ungarischen Stilmomente lassen sich natürlich ganz unmittelbar als Zeichen von Liszts Heimatbedürfnis interpretieren. Zugleich aber sind sie mehr: Dämme gegen das grenzenlose Zerfließen einer Tonsprache, die sich weit in Richtung Atonalität geöffnet hatte. So, wie die Zigeunerskala einst die Erweiterung des melodisch-harmonischen Materials ermöglicht hatte, halfen jetzt andere Hungarismen wie der Typus des raschen, geradtaktigen Csárdás (vor allem im ersten *Bildnis*), das sozusagen flüssig gewordene Material noch in Bann zu halten. Besser gelang Liszt die Synthese zwischen neuen Formprinzipien und ungarischem Stil nie als in den *Historischen ungarischen Bildnissen*; aber daß sie künstlerisch vollends geglückt wäre, könnte nur behaupten, wer über die inneren Risse und Schründe in diesen sieben Miniaturen hinwegsähe.

Die späten *Bildnisse* markieren mithin das Ende eines Prozesses, der Liszt – pointiert gesprochen – vom Rassisten zum Nationalisten werden ließ. Hatte er 1838 unter dem Eindruck der Naturkatastrophen in seiner ungarischen Heimat noch von der »stolzen heroischen Rasse« geschwärmt, der er selbst angehöre, so nahm seine Zigeuner- und Ungarnbegeisterung zunehmend rationalere und historisch bewußtere Züge an, und am Ende konnte die Huldigung für eine Anzahl nationaler Heroen stehen, die sich keineswegs durch idealisierte Naturgaben und zivilisatorische Unverdorbenheit auszeichneten, sondern durch ein hohes Maß politischer Vernunft und gesellschaftlicher Verantwortung.

Liszt war hellsichtig genug, die kompositorischen Möglichkeiten der »ungarischen« Stilmittel nicht zu überschätzen. Das ist nicht allein aus seinen Spätwerken zu erschließen, die im Grunde sehr selektiv mit Tziganismen umgehen, sondern auch in den Erinnerungen nachzulesen, die Liszts offizielle Biographin Lina Ramann unter dem Titel *Lisztiana* veröffentlichte. Daraus erhellt, daß Liszt weit über die »ungarische Tonleiter« (wie er sie trotz allem meist nannte) hinausblickte in die wahrhaft noch utopische Zukunft.

»Übrigens«, so zitiert Ramann den greisen Meister, »lassen wir die ungarische [Tonleiter] – auch sie wird bald erschöpft sein. Mit den abendländischen Systemen ist nicht mehr zu rechnen. Ich bin überzeugt, daß der *Viertelton* an die Reihe kommt – ein *Vierteltonsystem* – verlassen Sie sich darauf!«

Heilige um Liszt

Die Mission des heiligen Franziskus

Eines der meistgespielten Klavierwerke Franz Liszts ist unter dem Titel *Die Vogelpredigt* bekannt geworden; der vollständige Titel dieser ersten der beiden 1863 komponierten und 1866 im Druck erschienenen *Legenden* lautet: *St François d'Assise. La prédication aux oiseaux.* Es ist, im Sprachgebrauch der neudeutschen Schule, eine »Tondichtung« im Kleinformat, die weniger eine Handlungskette wiedergibt als eine Situation tableauartig nachstellt: zuerst das Gezwitscher der Vögel, die ein gar liebliches Vogelkonzert anstimmen, dann die legendäre, in tenoral-rezitativischen »Gesang« gefaßte Predigt des heiligen Franz von Assisi, in welche die Vögel dialogisierend einstimmen. In den Dialog ist ein choralartiger Abschnitt (»solennemente«) eingefügt, in dessen melodischem Umriß man einmal mehr – nach dem »Grandioso«-Thema der *h-Moll-Sonate* und dem »Cum sancto spiritu« der *Graner Festmesse*, nach dem »tonischen Symbol des Kreuzes« der *Elisabeth-Legende* und einem Motiv der Oraison *Les Morts* (*Trauerode* für Orgel) – den Kern des späteren »Gralsthemas« aus Wagners *Parsifal* sehen kann.

Die technisch ungleich anspruchsvollere, aber thematisch einförmigere *Franziskus-Legende* Liszts ist die zweite in E-Dur. Sie gilt nicht dem Ordensstifter des Franziskaner- (oder Kapuziner-) Ordens, sondern einem seiner Nachfolger aus dem 15. Jahrhundert, dem heiligen Franz von Paula (Paola, Kalabrien). Auch er war ursprünglich Mitglied des Ordens »Fratrum Minorum«, der Franziskaner; er war, nachdem er nach Jahren der Krankheit mit

13 Jahren endlich genesen war, zur Buße in den Orden eingetreten. Schon als junger Novize soll er sich durch Wundertaten her-
vorgetan haben; doch verließ er das Kloster bereits nach zwei
Jahren, um seiner Sehnsucht nach einer eremitischen Lebensform nachzugeben. Hoch über dem Meer, sagt die Legende, fand
er in einer Höhle die ersehnte Einsamkeit. Doch nicht für lange
Zeit: Der Eremit wurde von zahlreichen Menschen heimgesucht,
die Hilfe suchten oder sich seinem Eremitendasein anschließen
wollten. Franz tat, was man leicht als Paradox eines sozialen Ere-
mitentums belächeln könnte: Er errichtete eine Kapelle und
gründete einen Eremitenorden, den Orden der »Minimi«. Der
Erzbischof von Cosenza und der Papst akzeptierten die Ordens-
regel der »Paulaner«, in deren Zentrum Askese, ganzjährige Ab-
stinenz der Fastenzeit und unbedingte Armut standen. In die
Glaubensgeschichte ist Franz von Paula als Wundertäter eingegangen, der unter anderem zahlreiche Kranke heilte, glühende
Kohle in die Hand nehmen und übers Wasser wandeln konnte:
Man sagte ihm nach (und Liszt kannte diese Legende, wie sein
Brief vom 15. Juni 1866 aus Rom an seinen ungarischen Verleger
Johann Nepomuk Dunkl bezeugt), er sei, um einem Sterbenden
das letzte Sakrament zu spenden, auf seiner Mönchskutte über
die sturmerfüllte Bucht von Messina geeilt; Grund genug, daß
Franz von Paula 1943 vom Papst zum Patron der italienischen
Seeleute ernannt wurde. Solche Wunderkraft besingt Liszt in der
zweiten *Franziskus-Legende* mit dem Titel *St François de Paule mar-
chant sur les flots (Der heilige Franz von Paula auf den Wogen schreitend)*.

Franz von Paula war der Taufpatron Liszts. Und es ist zugleich frappierend und irritierend, in wie vielen strukturellen
Elementen sein Leben dem seines Taufpatrons glich – wobei sicherlich weniger an ein bewußtes »Nachleben« oder gar an wun-
dersame Seelenverwandtschaft als an eine von den Eltern begründete innere Verpflichtung zu denken ist. Zunächst war auch
Liszt ein »Wunderkind«, dessen übersinnliche Gaben sich in
zahlreichen musikalischen »Wundertaten« bestätigten. Als
Franz mit fünf Lebensjahren unter starken nervösen Störungen –
üblicherweise die Begleiterscheinung hochbegabter und hyper-
sensibler Wunderkinder – litt, soll seine Mutter (nach dem Be-

richt in der frühen Liszt-Biographie von Gustav Schilling aus dem Jahr 1844) gesagt haben:

»So viel, als er einmal als Pfarrer von der Musik zu können und zu wissen braucht, lernt er immer noch und zeitig genug.«

Dieses Argument diente ihr dazu, Franz von einer, wie sie glaubte, übertrieben ernsthaften Beschäftigung mit Musik abzuhalten. Der Vater indes, selbst ein hochbegabter Musiker, widersprach, und auch das Kind soll sich mit dem Satz gewehrt haben: »Ich will ja auch gar kein Pfarrer werden, Mütterchen!«

Wieviel auch an diesem Bericht Legende sein mag: es ist eine Tatsache, daß Liszts Vater seine musikalischen Neigungen stärker und sogar unter großen persönlichen Opfern (zum Beispiel durch Notverkäufe von Vieh und Wertgegenständen) förderte als die Mutter, die wohl gern einen Priester aus ihm gemacht hätte. Vater Adam Liszts Verhältnis zum Priesteramt war gebrochen, seit er nach seiner Matura im September 1795 in den Franziskanerorden in Malacka (heute Malacky) in der Slowakei eingetreten war und weniger als zwei Jahre darauf wegen »Unstetigkeit und Wankelmut« das Kloster hatte verlassen müssen. Als in seinem Sohn Franz während der krisenhaften, von körperlicher und seelischer Krankheit gezeichneten Pubertätsjahre der Wunsch aufkeimte, Priester zu werden und der Welt zu entsagen, soll sein Vater ihn (nach Lina Ramann) belehrt haben:

»Dein Beruf ist die Musik. Die Liebe zu einer Sache ist noch kein Bürge für die Befähigung, Berufener zu sein. In der Musik bist Du es. [...] Du gehörst der Kunst, nicht der Kirche.«

Damit verwehrte er seinem Sohn die Erfüllung eines Wunsches, dessen Verwirklichung schon ihm, Adam, nicht gelungen war; man kommt nicht umhin, von einer Art väterlichen Neids gegen den Sohn zu sprechen, wodurch ein eigentümliches Zwielicht auf Adam Liszts Entbehrungen für die künstlerische Karriere seines einzigen Sohns fällt. Liszts Mutter Anna, eine einfache Frau, die in Wien als Stubenmädchen gearbeitet hatte, scheint zeitlebens mehr Verständnis für Liszts Priesterwunsch gehabt zu haben; es ist auffällig, daß Liszt in seinen Briefen an die später in Paris lebende Frau oft mit seinem Kosenamen aus der Kindheit unterschrieb: »Frater«. In einem 1835 in Genf verfaß-

ten Brief heißt es: »Sie wissen längst, daß ich zerfahren, leichtsin-
nig, mit einem Wort Frater bin!« Die befremdliche Gleichsetzung
von (Kloster-)Bruderschaft und Leichtsinn wird in einem über
20 Jahre später geschriebenen Brief an die Mutter aufgeklärt.
Hier heißt es (Mai 1858), Liszt erinnere sich, daß ihn seine Mutter in der Kindheit oft »ungeschickter Frater« gescholten habe,
und er fügt hinzu: »War das wohl eine Vorahnung meiner jetzi-
gen Würde?« Er war 1856 als Tertianer (Laienordensbruder) in
den Franziskanerorden aufgenommen worden und vollzog mit
der Weihe als Abbé im Jahre 1865 endgültig ein früh im Leben
formuliertes Lebensprogramm, besiegte damit – spät genug –
den Vater und vereinigte sich mit dem Willen der Mutter. Angesichts dieser Tatsachen bietet sich dem Betrachter eine ödipale
Konstellation von faszinierender Komplexität dar, und es wird
klar, wie oberflächlich der vielfach ausgesprochene Verdacht ist,
Liszt sei es bei seiner späten klerikalen Wendung bloß um wir-
kungsvolle Reklame unter neuer Verkleidung gegangen.

Die Verbindung von schwerer Krankheit im frühen Pubertäts-
alter und aufflammendem Priesterwunsch sowie die Extrembe-
gabung als »Wunderkind« teilt Liszt mit Franz von Paula. Aber
damit nicht genug. Auch Liszt kannte – wie sein Taufpatron – die
Sehnsucht nach Einsamkeit, und sei es die »gedoppelte Einsamkeit« des zurückgezogenen Lebens mit Marie d'Agoult, das ihm
freilich nicht gelingen wollte: Auch ihn entrissen Anhänger,
Schüler und Bewunderer dem Eremitendasein (man denke an
den Genfer Konflikt mit Marie und an Liszts halb freiwillige,
halb vom Publikum ertrotzte Rückkehr aufs Konzertpodium).
Im Alter kam bei Liszt dann beides zusammen: geistlicher Stand
und die – wenigstens einige Monate im Jahr durchgehaltene –
Einsamkeit im Oratorianerkloster »Madonna del Rosario« auf
dem Monte Mario bei Rom und in der Villa d'Este bei Tivoli.

Franz von Paula gehörte, wie übrigens auch sein berühmterer
Namensvetter Franz von Assisi, nicht zu den Gelehrten unter
den großen Heiligen; er war nicht für seine Weisheit, sondern für
seine Güte, nicht für seine Rationalität, sondern für seine Wundertaten berühmt. Das war auch die Situation Liszts, der unter
seiner mangelhaften Bildung litt und mitunter selbst seine Groß-

zügigkeit zu bereuen hatte: trug sie ihm doch letzten Endes die Armut seiner Altersjahre ein, die zu idealisieren ihm allerdings auch wieder sein Schutzpatron Franz von Paula entgegenkam.

Am 14. September 1860 schrieb Liszt ein Testament nieder, in welchem er nicht nur die Erbschaft seines Vermögens von damals 220 000 Francs sowie zahlreicher Wertgegenstände an seine Lebensgefährtin Carolyne von Sayn-Wittgenstein festlegte, sondern auch den Wunsch nach einem einfachen Begräbnis bei Nacht aussprach sowie Richard Wagners als seiner künstlerischen »Fackel« (»Son génie m'a été un flambeau; je l'ai suivi«) und der »Brüderschaft« der von ihm so genannten »neudeutschen Schule« gedachte. In diesem Text findet sich auch eine wichtige Reminiszenz an Franz von Paula. Liszt besaß seit langem eine Franziskus-Darstellung des zum Kreis der Nazarener zählenden Frankfurter Städel-Malers Edward Ritter von Steinle, die nach seinem Tod an seine Tochter Cosima übergehen sollte. Die Zeichnung stellt den Heiligen auf den Wogen des Meeres schreitend dar, ein Stück glühender Kohle in der einen Hand haltend und die andere wie zur Beschwörung des Unwetters oder zum Segen der Seeleute, den Blick verklärt gen Himmel richtend, dar. »Diese Zeichnung«, so Liszt in seinem Testament, »die mir von Carolyne geschenkt worden war, stand stets auf meinem Schreibtisch.«

Liszt äußert in seinem Testament auch den Wunsch, daß Steinles Zeichnung die Notenausgabe seines um 1860 komponierten *Gebets* für Männerstimmen, Harmonium oder Orgel, Posaunen und Pauken (ad libitum) *An den heiligen Franziskus von Paula* ziere. In der Erstausgabe von 1875 erschien dann freilich ein anderes Franz-von-Paula-Porträt, die Zeichnung von Gustave Doré, die dieser 1866 Liszt geschenkt hatte; Steinles Zeichnung wurde indes für das Titelblatt der *Légendes* verwendet.

Zum Franziskus-Stoffkreis im Schaffen Liszts gehört auch ein größeres, Franz von Assisi gewidmetes Werk: die Vertonung von dessen berühmtem *Sonnengesang* für Männerstimmen, Orgel und Orchester (es existiert auch eine spätere Orgelkomposition mit dem Titel *San Francesco,* die auf thematischem Material dieses

Sonnengesangs basiert). Diese gleichsam opulentere, luxuriösere Variante der Franziskus-Thematik bedient sich in freier Umgestaltung des Chorals »In dulci jubilo«, dessen Anfangszeile vom Komponisten melodisch verändert und im Stakkato des Orchesters dem Ausdruck vorwärtsdrängenden Lobes zugeführt wird; die Rhythmisierung des »In dulci jubilo«-Mottos ist stark tänzerisch. Liszts Vertonung akzentuiert weniger die Armut und Bescheidenheit des Franziskus als die freudige Positivität einer von Sünden befreiten Seele. In seinen Briefen an Carolyne von Sayn-Wittgenstein aus den siebziger Jahren betont Liszt unentwegt die »große Verzeihung« des Franz von Assisi (»il gran perdono«); wenn er zur Beichte ging – so berichtet er einmal aus Regensburg –, dann immer bei einem Franziskanerpater, sei es in Wien, Budapest oder in Tivoli.

In diesen späten Dokumenten Liszts taucht der Name seines Taufpatrons nur noch selten auf, viel seltener jedenfalls als der des assisischen Franziskus. Eine Erklärung für diesen offensichtlichen Wertewandel könnte die Person der präsumtiven Erbin der von Liszt so geschätzten Zeichnung Steinles, Cosima von Bülow, abgeben. Als diese sich – zu Vater Liszts großer Enttäuschung – mit ihren drei Kindern von Hans von Bülow trennte und eine Verbindung mit Richard Wagner einging, dürfte für Liszt die Erinnerung an seinen Schutzpatron gleichsam befleckt worden sein; und von den späten sechziger Jahren an, als sein Kontakt zur geliebten Tochter – offensichtlich auch unter dem Einfluß der Fürstin Sayn-Wittgenstein – erkaltete, verlor der Heilige aus Kalabrien offenbar etwas von seiner charismatischen Ausstrahlung, die fortan stärker von Franz von Assisi ausgehen sollte.

Der Karikaturist der ungarischen Zeitschrift *Borszem Jankó*, János Jankó, drückte die offensichtliche Identifikation Liszts mit Franz von Paula in einer 1879 entstandenen Karikatur aus, die Liszt in der Soutane an einem Flügel spielend zeigt – wie Franz von Paula über das Wasser schreitend. Thematisch verwandt ist eine andere ungarische Karikatur aus den siebziger Jahren, die Liszts Christusähnlichkeit (die ja auch dem übers Wasser wandelnden Franz eigen ist) in den Bibelvers »Lasset die Kinder zu

Titelblatt der Erstausgabe der »Franziskus-Legenden«, Paris 1866, nach einer Zeichnung von Edward von Steinle.

mir kommen« packt: Liszt, wiederum in der Soutane, empfängt eine ganze Schar singender und Instrumente spielender Kinder, die er mit der offenen Hand des großzügigen Gönners begrüßt.

Die heilige Elisabeth (Carolyne)

Ungefähr im selben Zeitraum wie Liszts Franziskus-Kompositionen – hauptsächlich in den ersten sechziger Jahren – entstand ein ungleich größeres, überaus erfolgreiches Werk, das neben den eher »privaten« Franziskus-Huldigungen gleichsam offiziellen Charakter trägt. *Die Legende von der heiligen Elisabeth* auf den Text von Otto Roquette ist ein abendfüllendes, in sechs »Szenen« gegliedertes Werk, das bei der Uraufführung im August 1865 in Pest (nach Liszts Worten) 500 Ausführende vereinigt haben soll. Liszts 1856 – im Jahr des Arbeitsbeginns an der *Elisabeth-Legende* – formulierte Selbstdefinition als »Ungar, Catholik und Componist« erfährt in diesem Werk ihre wohl grandioseste künstlerische Verwirklichung: Die *Elisabeth-Legende* ist ein Stoff von nationaler ungarischer Bedeutung, zugleich ein Stück genuin katholischer Wundertäter- und Heiligenverehrung und markiert schließlich kompositorisch einen entscheidenden Punkt in der neueren Geschichte des Oratoriums, vielleicht (mit dem wenige Jahre späteren *Christus* von Liszt) sogar die Neubegründung der Gattung Oratorium im späten 19. Jahrhundert überhaupt.

Elisabeth ist die Tochter des ungarischen Königs Andreas II. und der Königin Gertrud. Schon als kleines Kind wird sie einem etwas älteren adligen Bräutigam versprochen, dem Landgrafen Ludwig, Sohn Hermanns I. von Thüringen und der Gräfin Sophie. Das Mädchen wächst, zur Eingewöhnung in ihre künftige Lebensweise, auf der Wartburg auf; von Anfang an fällt es durch seine Andersartigkeit, durch seine herzliche Mitmenschlichkeit und Warmherzigkeit den Armen gegenüber auf. Trotz Elisabeths nicht »standesgemäßem« Gebaren kommt die Hochzeit mit Ludwig zustande, und das Paar lebt glücklich zusammen. Eines Tages begegnet Ludwig auf der Jagd unverhofft seiner Gattin. Sie will einem Kranken Brot und Wein bringen –

eine für eine Person von königlichem Geblüt und Stand reichlich ungewöhnliche, gar verbotene Handlung. Zur Täuschung Ludwigs gibt sie vor, Rosen in ihrer Hand zu halten – und siehe da, durch ein Wunder haben sich die milden Gaben tatsächlich in Rosen verwandelt. Das »Rosenwunder« verleiht ihr besonderes Charisma.

Die dritte Szene zeigt den Abschied Ludwigs von der Wartburg: Er fährt mit andern Kreuzrittern zusammen ins Heilige Land. Die Ahnung Elisabeths, sie werde ihn wohl nie mehr lebend wiedersehen, erwidert Ludwig mit einem Bekenntnis zum Opfer als in sich sinnerfülltem christlichen Handeln. Tatsächlich – und damit beginnt der von einer Orchesterintroduktion eingeleitete zweite Teil des Oratoriums – fällt Ludwig. Nun zögert die Landgräfin Sophie, die schon lange mit ihrer Schwiegertochter rivalisierte, nicht lange, Elisabeth von der Wartburg zu vertreiben; sie entflieht mit ihren Kindern und findet Aufnahme bei Armen und Kranken, denen sie in Bescheidenheit und Selbstverleugnung dient. Dort findet sie Erfüllung, Frieden und den ersehnten Tod. Dieser auf das Leben der heiligen Elisabeth von Thüringen zurückgehenden Handlung hat Roquette als Schlußszene noch die feierliche Bestattung Elisabeths in Marburg angefügt; der Text geht am Ende von der deutschen Originalsprache (die Uraufführung erfolgte allerdings in ungarischer Sprache) in lateinisches Gebet über.

Dieses Geschehen hat Liszt in eine Musik von sanfter und archaisierender Atmosphäre getaucht. Konstitutiv sind zunächst das Leitmotiv der Elisabeth, das aus einer gregorianischen Antiphon gebildet ist (gis-fis-e-gis-h-cis-h), sowie eine im mittelalterlichen Kirchengesang überaus häufige Intonationsformel, die Liszt als »tonisches Symbol des Kreuzes« bezeichnet (etwa: g-a-c), in der Kreuzzugsszene ferner ein wohl aus dem 17. Jahrhundert stammendes Kirchenlied (»Schönster Herr Jesu, Schöpfer aller Dinge«). Zum ungarischen Motivkreis zählen ein ungarisches Kirchenlied zur heiligen Elisabeth sowie eine äußerst kraftvolle, stakkatierend geführte Volksmelodie. Insbesondere das Elisabeth-Motiv erweist sich im Sinne Lisztscher Thementransformation als überaus wandlungsfähig: Erscheint es zu Beginn als Symbol der Reinheit und Güte Elisabeths, so wird es im Kreuzzugsbild ins Marschartige gewendet, ebenso wie die genannte Intonationsformel, die durch rhythmische Zuspitzung so etwas wie militärische Symbolbedeutung erhält. Daneben finden sich Stellen, die in ihrer chromatischen Vieldeutigkeit an Wagners *Tristan* erinnern, sowie einige die Boshaftigkeit der Schwiegermutter Sophie versinnbildlichende Motive.

Das 172 Takte umfassende Vorspiel zur *Elisabeth-Legende* – es ist auch in einer von Carl Müller-Hartung bewerkstelligten, von Liszt gutgeheißenen Orgelfassung überliefert – ist eine der radikalsten Verwirklichungen Lisztscher Monothematik. Das der Antiphon »Quasi Stella matutina« zum Fest der heiligen Elisabeth entnommene Motiv bildet das einzige, vielfach abgewandelte »Material« des Stücks; von einem Thema zu sprechen wäre angesichts der prinzipiellen Offenheit dieses Gebildes fragwürdig. Liszt benutzt es erst als Ausgangspunkt eines in Terzen und Sexten gehaltenen, also außerordentlich wohlklingenden Satzes in weich fließender Fortspinnungstechnik; erst im 38. Takt kommt ein größeres melodisches Intervall als Sekund und Terz vor, die Quinte. Dann wird das Motiv, im Kern bloß aus den Tönen gis, fis, e und h bestehend, durch pochende Baßschläge dramatisiert, durch ein militärisches Signal (Symbol des Kreuzzuges) akzentuiert, in kurzen Notenwerten diminuiert, auf dem Höhepunkt des Vorspiels in langen Noten augmentiert und schließlich, vom Sechsviertel- in den marschmäßigen Vierviertaltakt umgedeutet, vollends verdichtet: Die letzten 15 Takte haben davon nur noch den dreitönigen Kopf (e-dis-cis bzw. gis-fis-e) übriggelassen. Ein melodisches Gebilde von äußerster Simplizität hat sich als Zentrum einer Folge vielgestaltiger Transformationen von flächiger Zartheit bis zu vorwärtsdrängender Kraft entpuppt.

Textbuch und Vertonung sind in bezug auf die »Heldin« Elisabeth stark idealisierend gehalten. Folgt man nämlich einigermaßen nüchtern der Legende in ihrer überlieferten Gestalt, so erscheint die Heilige als geradezu krankhaft altruistische, wie unter Gönner- oder Wohltäterzwang stehende, masochistische Persönlichkeit. Sie soll sich nachts öfter auf den kalten Boden gelegt

»Das Rosenwunder«. Gemälde von Moritz von Schwind, 1855 (Wart-burg).

haben, um »aus Liebe zu Gott« für eine Zeit auf ihren Gatten zu verzichten; soll einen Aussätzigen in Ludwigs Bett gelegt und sich nach ihrer Flucht von der Wartburg völlig einem fanatischen Priester unterworfen haben, der sie »für kleine Vergehen«, wie es heißt, bis aufs Blut gegeißelt, gar schier zum Ersticken gebracht haben soll. Diese und andere »Übertreibungen« der Elisabeth-Geschichte von Charles Forbes Graf von Montalembert (so Liszt in einem Brief an seine Mutter vom Dezember 1862) kommen in seinem Oratorium nicht vor: Roquettes Libretto hält sich an die idealisierende Darstellung durch Moritz von Schwind, dessen Elisabeth-Fresken in den Sälen der Wartburg nahe Weimars Liszt und – vermutlich noch vor diesem – Carolyne von Sayn-Wittgenstein inspirierten.

Ein möglicher Grund für die beschönigende Darstellung der *Elisabeth-Legende* durch Liszt liegt in der Tatsache, daß die heilige Elisabeth die Taufpatronin seiner geliebten Carolyne war – sie hieß mit ganzem Namen »Jeanne-Élisabeth-Carolyne, Princesse Wittgenstein, née d'Iwanowska« (so in Liszts Testament von 1860). Überdies verehrte Liszt die heilige Elisabeth als Patronin des dritten Ordens des heiligen Franziskus (welchem er als Abbé selbst angehörte).

Die historische Elisabeth soll vor ihrem Tod in dem von ihr gestifteten Marburger Krankenhaus als Pflegerin im grauen Gewand der Franziskanerinnen gedient haben. Die Verbindung Elisabeths zum Franziskanerorden ist also keineswegs zufällig. Absolute Armut war die Maxime des heiligen Franz von Assisi (der seinen Brüdern um der Armut willen sogar das Betteln verbot), und von Elisabeth wird erzählt, daß sie am Karfreitag 1228 vor entblößtem Altar in einer Kapelle der Minoriten ihrem ganzen Besitz entsagt hätte, wenn nicht ihr »Seelenführer« Konrad sie im letzten Augenblick daran gehindert hätte ... Beide teilten außerdem die Situation einer Herkunft aus begütertem Hause der sie freiwillig abschworen, und beide sind, wie auch Franz von Paula, durch ungezählte Wunder volkstümlich berühmt geworden – das »Rosenwunder« wird in anderer Form auch Franz von Assisi zugeschrieben.

Elisabeth, die geistige »Schwester« der beiden heiligen Fran-

ziskusse, steht auch für die Fürstin Sayn-Wittgenstein, die sich in
den sechziger Jahren zunehmend der katholischen Theologie
verschrieb, die als Tochter eines russischen Großgrundbesitzers
früh verheiratet wurde und später als Ausländerin wie Elisabeth
in der Fremde lebte. Und fügt man hinzu, daß Liszt sich unbewußt mit Franziskus identifizierte (Wagner sprach ihn in einem
Brief 1853 einmal mit den Worten an: »Sancte Francisce! ora pro
nobis!«), so ergibt sich die Folgerung, daß die Franziskus-Werke
und die *Elisabeth-Legende* als untergründig verschwisterte Werk-
komplexe ein Stück Biographie Liszts und seiner Gefährtin Carolyne widerspiegeln.

Oper – Oratorium – Melodram

Daß Liszt mit der *Elisabeth-Legende* einen Stoff aus demselben
mythologischen Kreis wie Wagner anderthalb Jahre zuvor mit
Tannhäuser behandelte, ist ebenso bemerkenswert wie die Un-
terschiedlichkeit der musikalischen und stofflichen Akzente,
die beide Komponisten ihren Werken gaben. Während Wagner
in *Tannhäuser* das Hohelied freier sinnlicher Liebe und erotisch
besetzten Künstlertums (»Der Sängerkrieg auf Wartburg«)
singt, huldigt Liszt mit der *Elisabeth-Legende* der christlichen
Karitas. Hier wirkt die Beziehung der Geschlechter, sprich:
Elisabeths und Ludwigs, bloß als Voraussetzung, ja sogar als
notwendiges Übel zur karitativen Wundertätigkeit der Heiligen, die bezeichnenderweise erst nach dem Ableben ihres Gatten zu voller Entfaltung kommen kann. Der unterschiedlichen
inhaltlichen Akzentuierung entsprechen die musikalischen
Mittel: bei Wagner neben frommem Pilgergesang die erhitzte
Chromatik der Venusberg-Musik und Tannhäusers eksta-
tischer Liebesgesang, bei Liszt die mittelalterlich-modal ge-
färbten und kirchenliedhaften Leitthemen sowie die ungarische
Nationalthematik.

Tannhäuser ist eine Oper (oder ein Musikdrama), *Die heilige Elisabeth* aber ein Oratorium – eine Gattung, die Wagner noch 1850
(in der Schrift *Das Kunstwerk der Zukunft*) scharf als »naturwidrige

Ausgeburt« gegeißelt hatte, weil das Oratorium »Drama sein«
wolle, »aber genau nur so weit, als es der Musik erlaubt, die unbedingte Hauptsache, die einzig tonangebende Kunstart im
Drama zu sein«. Auch Liszts »neudeutscher« Mitstreiter Franz
Brendel hielt das Oratorium nur für eine Vorstufe der späteren
Oper, die im Grunde ihre Existenzberechtigung mit den Opern
von Gluck und Mozart verloren habe. Auf der praktischen Seite
indes hatte Mendelssohn-Bartholdy der für veraltet erklärten
Gattung mit seinen biblischen Oratorien *Paulus* und *Elias* einen
neuen Anstoß gegeben, der sich bis zu Liszts Kompositionen aus-
wirkte. Mit der *Elisabeth-Legende* knüpfte er nicht allein an die
Tradition des geistlichen Oratoriums, sondern auch an jene des
politischen Dramas an und bezog (durch die wunderbaren Elemente, vorab das »Rosenwunder«) auch märchenhafte Züge, die
Robert Schumann in seinen weltlichen Oratorien favorisiert
hatte, konstitutiv mit ein. Auch das (unvollendet gebliebene)
dritte Oratorium Liszts, *Stanislaus*, sollte der Devise »Religion
und Vaterland« folgen.

Trotz dieser festen Verankerung in der deutschen oratorischen
Tradition bleibt die Grenze zur Oper indes fließend. Die Chöre,
nach der Oratorientheorie der Zeit der Schwerpunkt der Gattung, nehmen in der *Elisabeth-Legende* keineswegs den ersten Platz
ein; dagegen läßt das Libretto der Entfaltung der Individualität
Elisabeths relativ viel Raum und läßt in der Auseinandersetzung
mit der Schwiegermutter Sophie sogar opernhaft-dramatische
Elemente aufkommen; auch das Rosenwunder bildet einen eher
opernmäßigen als oratorischen Handlungszug. Das Elisabeth-
Oratorium ist denn auch wiederholt auf die Bühne gebracht worden – sozusagen als Ersatz für eine »echte« Liszt-Oper.

Denn auf dem Gebiet des »Musikdramas« hat Liszt der Nachwelt nichts Fertiges hinterlassen außer seiner im Alter von 14
Jahren komponierten und einige Male in Paris aufgeführten ein-
aktigen Oper *Don Sanche* (das lange Zeit verloren geglaubte Werk
ist inzwischen wiedergefunden und konzertant, neuerlich auch
szenisch, wie auf Schallplatte gespielt worden). Spätere Versuche
blieben ausnahmslos im Skizzenstadium oder gar in der ideellen
Vorstufe dazu stecken: eine Lord-Byron-Oper *Le Corsaire,* ein

Manfred-Werk, eine *Dante*-Oper, eine Vertonung von Walter Scotts *Richard in Palästina*; am weitesten gedieh Liszts *Sardanapale*-Projekt mit 111 erhaltenen Klavierauszugs-Seiten (denselben Byron-Stoff hatte Hector Berlioz 1830 zu einer Kantate verarbeitet), während spätere Opernpläne Liszts entweder gänzlich in den Anfängen steckenblieben oder wie sein Faust-Projekt sich in anderer Gestalt – hier als Symphonie – konkretisierten. Vom Plan einer national-ungarischen Oper wurde Liszt offensichtlich durch die unfreundliche Aufnahme seiner *Zigeuner*-Schrift in Ungarn abgebracht.

Während der Arbeit an der *Elisabeth-Legende* sprach Liszt einmal davon, er könne mit dem Oratorium »ein höheres und reineres Ideal erfassen« als mit der Oper. Diese Anschauung steht im Einklang mit zeitgenössischen Begriffsbestimmungen des Oratoriums; doch wirkt sie auch ein wenig irritierend angesichts der Tatsache, daß Liszt sich noch wenige Jahre zuvor ernsthaft um die Gattung Oper bemüht hatte. Ein Hauptgrund seines Verzichts auf die Oper dürfte in der als übermächtig empfundenen Konkurrenz durch Wagner liegen – eine Schwierigkeit, die auch durch Wagners Anregung, Liszt möge doch sein – Wagners – Textbuch *Wieland der Schmied* vertonen, nicht gerade gemildert wurde. Einmal mehr verstellte sich Liszt, idealisierte er einen nur allzu menschlichen Grund für sein Handeln.

Beweis dafür, daß es Liszt durchaus nicht an musikdramatischem Talent fehlte, ist – neben seiner regen Operndirigenten-Tätigkeit in Weimar – die Existenz von fünf Melodramen, mit denen er diese von Georg Anton Benda geschaffene Gattung des musikalisch untermalten Sprechtextes nachhaltig bereicherte. Das seit jeher zum Balladesk-Schaurigen neigende Melodram ist nun gerade dem von Liszt so gefeierten Ausdruck des Idealen und Erhabenen entgegengesetzt.

»Gegenüber der Oper«, schrieb Gerhard R. Koch, »dem Oratorium und vollends dem Lied bildet das Melodram ein Skandalon; vertraut es doch nicht der so wohlfeil beschworenen Einheitlichkeit des geschlossenen Werkes. [...] Melodramen sind demnach zugleich utopisch und resignativ. Sie zielen auf die affekt- wie effektreichste Verknüpfung des Dramatischen und Mu-

sikalischen, verzagen aber vor der sei es lyrischen sei es musik-
dramatischen Synthese. Ein Rest von krudem Naturalismus
bleibt in jedem Melodram bestehen« (»Schaurig schön. Anmer-
kungen zur Gattung des Melodramas«, in: *Frankfurter Allgemeine
Zeitung*, 26. Juli 1982).

Skandalös in hohem Maße ist unter den fünf zwischen 1858
und 1875 geschriebenen Liszt-Melodramen die Nikolaus-Lenau-
Vertonung *Der traurige Mönch*. Ein Ritter nähert sich, orientie-
rungslos, einem seit Jahrhunderten verlassenen Turm. Es geht
die Sage, daß dort ein Geist im Mönchsgewand hause, dessen
Anblick niemand überleben könne. Furchtlos und skeptisch gegen Geisterglauben betritt der Ritter den Turm, legt sich gar
schlafen darin. Zu mitternächtlicher Stunde weckt ihn sein auf-
geschrecktes Pferd. Der Anblick des traurigen Mönchs stimmt
ihn selbst traurig, und todessüchtig stürzt er sich mit seinem
Rappen in den See.

Die schauerliche Ballade inspirierte Liszt zu einer Musik, die
man bedenkenlos seinem Spätwerk zuordnen würde, wüßte man
nicht um das Entstehungsjahr: 1860. Keine Klangfülle und -opu-
lenz à la *Franziskus-Legenden,* kein neogregorianisches Archaisie-
ren, kein kollektiver Volkston und kein Glockenzauber. Selbst
gleichzeitige Lieder wie *Die drei Zigeuner* oder *Die stille Wasserrose*
wirken in Klaviersatz und Harmonik wie aus einem anderen
Zeitalter. Liszt bedient sich im *Traurigen Mönch* in bis dahin unbe-
kannter Radikalität der Ganztonharmonik und -melodik: Der ge-
samte Anfangsteil der Ballade baut sich auf der symmetrischen
Tonleiter es-f-g-a-h-cis-es auf, sowohl in der melodisch führen-
den linken als auch in der synkopisch begleitenden rechten
Hand. Diese Leiter hat die Eigenart, daß sie die Bildung regulä-
rer Dur- oder Molldreiklänge nicht ermöglicht, sondern nur
übermäßige Dreiklänge aus zwei großen Terzen (zum Beispiel
es-g-h) – eine Tatsache, die Liszt in der zentralen »Szene« des
Erscheinens des traurigen Mönchs und im resignativ überschat-
teten Schlußteil der Komposition ausnutzt. Freilich hebt er – ein
retrospektives Moment in einer insgesamt äußerst modernen
Komposition – die potentielle Offenheit der Form, zu welcher der
von einem Sprecher rezitierte Text sehr wohl Anlaß gäbe, durch

die variierte Wiederaufnahme des Klaviervorspiels am Ende wieder auf.

Dennoch ist die Moritat vom *Traurigen Mönch* ein Kunstwerk von allerkühnstem Zuschnitt, worüber sich Liszt natürlich im klaren war. Im Sommer 1860, zur Zeit der Entstehung dieses Werks, schrieb er an Ingeborg Starck einen Brief, der im Zusammenhang mit der Oper *Der Dämon* von Boris Vietinghoff-Scheel Elemente der »Zukunftsmusik« benennt, darunter auch die »Gamme terrifiante«, die Ganztonleiter.

»Bald wird man«, heißt es in nur scheinbar ironischer Überspitzung, »das System komplettieren müssen durch die Zulassung von Viertel- und Halbvierteltönen [...]. Das ist der Abgrund des Fortschritts, in welchen uns die widerlichen Zukunftsmusiker stürzen!«

Der Brief zeigt Liszt in der Pose des Verächters musikalischer Experimente und rückt die tonalitätssprengende Ganztonleiter in die Nähe musikfremder Tonspielerei. Zu solcher Zukunftsmusik freilich trug zur selben Zeit mit dem gleichen Mittel niemand anders bei als Liszt; und kein anderer Komponist hat Anrecht auf den Titel des bedeutendsten Propagandisten der verrufenen Ganztonleiter als er, der im chorischen Finale des »Magnificat« seiner *Dante-Symphonie* den ganzen Schluß (in beiden Fassungen) auf eine Ganztonprogression stützte. Das war 1856, und Liszt ist somit der erste Komponist, der die Harmonisierung der vollständigen Ganztonleiter mit reinen Dreiklängen wagte (Constantin Floros). Nach der Auffassung seiner Zeit symbolisierte dieser Satzschluß die Himmelsleiter, die Dante im 21. Gesang seines »Paradiso« schildert; die Assoziation an den *Traurigen Mönch* – eine Ahasver-Figur, einmal mehr – liegt inhaltlich denkbar fern, so zwingend sie musikalisch betrachtet ist. Für Liszt war ganz offensichtlich das Heilige und das Verfluchte so untrennbar voneinander wie Faust von Mephistopheles.

Der Held als Opfer. Die großen Entsagungen

Weltlichem Prunk zugunsten religiöser Verinnerlichung zu entsagen, sich von der hohlen Welt der gepflegten Konversation in die Einsamkeit zurückzuziehen, die virtuose Selbstdarstellung zugunsten stiller Arbeit im Hintergrund aufzugeben, eigene Verdienste selbst dann zu verleugnen, wenn sie offensichtlich waren und anderen zum triumphalen Durchbruch verhalfen – diese typischen Wendungen in Franz Liszts schillernder Biographie sind zugleich verbreitete Motive der damaligen Literatur. Das Grundmuster von Lebensgenuß und freiwilliger Entsagung findet sich in namhaften Romanen der Zeit literarisch gestaltet: bei Goethe etwa, dessen *Wilhelm Meister* neben dem *Werther* zumal in Frankreich als romantischer Typ par excellence galt; oder in dem »französischen Werther«, dem Romanteil *René* von François René Chateaubriands *Le Génie du christianisme* (1802). Liszt soll *René* in seiner Jugend fast auswendig gekannt haben; Renés Weltschmerz (»un instinct secret me tourmente«) war auch der seine. In jenem Roman verzichtet die Heldin Atala freiwillig auf menschliches Liebesglück, nimmt den Schleier und beschließt ihr Leben in Andachtsübungen und Liebestaten. Ganz ähnlich noch der Held Amaury in Charles-Augustin Sainte-Beuves Roman *Volupté* (1834): Er wählt aus der Aporie, zwischen drei Frauen zu stehen und sich keiner hingeben zu können, den Ausweg ins Priesteramt.

Darin, daß das Entsagen Liszt nicht leichtfiel, daß er es aber in verschiedenster Hinsicht immer wieder versuchte, liegt ein tragikomisches Element seines Lebens. Begonnen sei aber mit einem vergleichsweise harmlosen Beispiel für jenes Spiel von Verzicht und Gewährung: mit Liszts Nöten und Freuden, die er mit seiner privaten Korrespondenz hatte.

Briefschreiber Liszt

Liszt in seinen Briefen, durch seine Briefe darzustellen, das wäre ein gigantisches Unterfangen. Kein Zufall, daß keiner der ungezählten Liszt-Biographen bisher auf diese Idee verfiel. Denn Liszts Briefe sind buchstäblich in alle Welt zerstreut worden – und die Zahl seiner bisher veröffentlichten Briefe kann nur einen Bruchteil der Gesamtmenge bilden. Nach eigener Angabe beantwortete er im Jahr mindestens 2000 Briefe – und er lebte lange. Die achtbändige Edition der Liszt-Briefe, die La Mara (Marie Lipsius) zwischen 1893 und 1905 in Leipzig herausbrachte, umfaßt über 2000 Briefe, darunter über 1200 an Carolyne von Sayn-Wittgenstein – erahnbar wird die Willkür der Auswahl, die etwa Liszts Briefe an Marie d'Agoult völlig verschweigt. Zumindest ein Teil *dieses* Briefwechsels wurde von Daniel Ollivier, dem Sohn Blandines, der ältesten Tochter der Verbindung Liszts mit Marie d'Agoult, im Jahre 1933 veröffentlicht; es sind rund 300 Briefe. Eine weitere wichtige Teiledition betrifft den Briefwechsel zwischen Liszt und Richard Wagner. Über 600 Briefe enthält ein Band mit Briefen Liszts aus ungarischen Sammlungen (veröffentlicht 1966). Außerdem erschienen Dutzende von Aufsätzen mit jeweils bis zu 50 unveröffentlichten Liszt-Briefen.

An Material herrscht also kein Mangel. Und doch bildet dieser Fundus von über 5000 veröffentlichten Briefen nur einen vergleichsweise kleinen Teil von Liszts brieflichem »Œuvre«. Und man wird das Argument Ernest Newmans dabei nicht vernachlässigen dürfen, das der Verfasser der Studie *The Man Liszt* zum Thema der Objektivität der »offiziellen« Liszt-Biographien zu bedenken gab:

»Kein Mensch erzählt seinem Biographen die ganze Wahrheit über sich selbst, auch wenn er sie kennt.«

Gilt nicht das gleiche auch für Briefe, zumal für Briefveröffentlichungen, aus dem engeren Liszt-Kreis? Hinzu kommt eine weitere Schwierigkeit. Liszt pflegte seine Briefe vor der Reinschrift in einem Notizbuch zu skizzieren, da er sich des schriftlichen Ausdrucks – besonders in deutscher Sprache – wenig mächtig fühlte; es mag auch, so Julius Kapp, der einige dieser Notizen veröffentlichte, eine Folge von Liszts »Internationalität« gewesen sein. Jedenfalls differieren Entwurf und Endfassung bisweilen beträchtlich, und die einen höheren Grad von Unmittelbarkeit verbürgenden Notizen sind zum größten Teil verschollen.

Die immense Anzahl Briefe, die Liszt geschrieben haben muß, suggeriert freilich große Leichtigkeit der Formulierung. Das Gegenteil soll der Fall gewesen sein – wenn man Liszt glauben und nicht wieder eine Verstellung annehmen will ähnlich seinem Understatement in pädagogischen Dingen. Schon 1837 ermahnte er (über seine Mutter) die Verwandten, »möglichst wenig Briefe zu schreiben«, »denn mir ist das Briefschreiben in den Tod zuwider«. Drei Jahre später bekennt er aus London Marie d'Agoult gegenüber seine »Unmöglichkeit, mich auszudrücken«, die »immer eine tiefbetrübliche Grundursache von Mißverständnissen sein« werde.

Ein anschauliches Bild seines Ringens mit dem brieflichen Ausdruck vermittelt eine Mitteilung Liszts an Carolyne vom April 1877:

»Leider ist meine Feder paralysiert; ein so kurzer Brief hat mich vier Stunden gekostet: Ich zerreiße und konzipiere ihn mehrmals, zwei- oder dreimal; schließlich ist die Korrespondenz für mich ein Fegefeuer auf Erden geworden [...]«

Dieses Bekenntnis findet sich in einem der Konzeptbücher Liszts; in der Briefausgabe von La Mara fehlt der betreffende Passus. Solange das (französische) Original des Briefes nicht auftaucht, wird deshalb ungewiß bleiben, ob der Brief die Fürstin in dieser Form erreichte oder ob zwischen Briefkonzept und definitiver Gestalt größere Divergenzen bestehen. Jedenfalls bilden die erhaltenen Briefkonzeptbücher eine wichtige Grundlage zur Ergänzung fehlender Briefe, denn Liszt pflegte – bei der Quantität seines Briefwechsels schiere Notwendigkeit – eine »doppelte Korrespondenz« zu führen und schrieb sich auch manche Briefe als Gedächtnisstütze ab.

Die ersten Briefe Liszts, nicht nur die privaten an Marie d'Agoult, sind in französischer Sprache gehalten. Ungefähr 1850 – ein genaues Datum läßt sich nicht angeben, da der Übergang fließend war – ging Liszt immer häufiger zur deutschen Sprache über, nachdem er schon zuvor einzelnen Personen bevorzugt deutsch geschrieben hatte. Zu diesen gehört sein Mitarbeiter und Freund Franz von Schober, dem Liszt im Dezember 1840 aus Manchester mitteilte:

»Sogar Deutsch will ich Dir schreiben, lieber Schober, um Dir geschwinder zu sagen, wie sehr mich Dein Brief erfreut hat [...]«

Eine merkwürdige Begründung, die quer steht zu Liszts sonstigen Klagen über Ausdrucksschwierigkeiten in der deutschen Sprache! Weshalb schrieb er denn an andere deutschsprachige Briefpartner, etwa den Musikverlag Breitkopf & Härtel, an den Leipziger Verleger Heinrich Brockhaus oder an Robert Schumann, in der ihnen fremden französischen Sprache?

Die Sphinx Liszt löst auch dieses Rätsel nicht freiwillig, sondern legt erneut nahe, von einer Art Versteckspiel zu sprechen, einem raffinierten Ungreifbarbleiben hinter den diversen Sprachmasken. Doch da gibt es in punkto Sprachen noch eine weitere Mystifikation. Liszt kombinierte in Briefen bisweilen Französisch und Deutsch, suggerierte die Präsenz zweier Sprecher oder Rollenträger. Das war der Fall in einem Brief an Schober, wo inmitten eines französischen Textes der Ausruf fällt: »Pereat dem Philistertum und seinem ohnmächtigen Cretinismus!« In den Briefen an seine Geliebte Marie d'Agoult ist der Sprachenwechsel ein geradezu dramatisch gehandhabtes Mittel der sprachlichen Emphase. »Nicht eines Engels, nicht Gottes, nur Dein«, heißt es am Ende einiger französischer Briefe aus den dreißiger Jahren; das Liebesgeständnis steht, zitier- und wiederholbar, als zweite Unterschrift unter den Briefen. Vor allem die ersten, von heftigem Liebesverlangen erfüllten Briefe an Marie kennen die Zweisprachigkeit als unmittelbaren Ausdruck von Ergriffenheit, von beinahe verzücktem Reden in verschiedenen Zungen: Satz für Satz wechselt hier bisweilen die Sprache, so sprunghaft wie die Gedankenführung; Ausdruck innerer Erregung – oder einer Zerrissenheit, die man Liszt häufig als Talent zur Verstellung auslegte und vorwarf.

Der Briefschreiber Liszt ist vom Briefempfänger Liszt schlechterdings nicht zu trennen. Darin liegt, wenn man es pathetisch ausdrücken will, eine Tragik; kritisch gesehen ein weiteres schauspielerisches Element in Liszts Leben. Denn Briefe zu empfangen und zu beantworten war ihm offensichtlich im gleichen Maße wichtig, wie es ihm lästig war und ihn an der Arbeit hinderte. Es dürfte kaum übertrieben sein, einen Teil des Unfertigen und Alfrescohaften vieler Lisztscher Kompositionen auf diese biographische Zerrissenheit zurückzuführen, auf die Unfähigkeit, Briefe einfach unbeantwortet zu lassen. Sein Dilemma mit eingehender Post und der als Last empfundenen Verpflichtung, sie zu beantworten, reicht bis in seine jungen Jahre zurück. 1833 schrieb er einmal der Gräfin d'Agoult, Victor Hugo beantworte grundsätzlich keine Briefe. Und dieses Verhalten wird von Liszt nun keineswegs als verwerfliche Unhöflichkeit taxiert, sondern gerade als Zeichen von Hugos »Genie«:

»Briefe verfassen schien mir ziemlich ausdrucksvoll, Sie jedoch dürfen sein Vorgehen grob finden, und ich darf Ihnen zum hundertstenmal antworten, daß das Genie seinem Wesen nach grob und schamlos ist.«

Wohlgemerkt: Liszt spricht von einem echten Genie, nicht von sich selbst, der nie solche innere Unabhängigkeit erreichte und dem es sein Bedürfnis nach Anerkanntsein (oder nach Geliebtwerden) verbot, Anfragen anderer Menschen zu ignorieren. In seinen späten Jahren befreite ihn die Post auch häufig von seinem Gefühl der Einsamkeit, aber sie weckte auch sein Pflichtgefühl, verstärkte den inneren Zwang, sich der Außenwelt als »immer noch« präsent zu beweisen und seine bedeutende Rolle im Musikbetrieb (ein Wort, das in einem ungarischen Liszt-Brief von 1879 vielleicht zum erstenmal überhaupt auftritt) nicht preiszugeben.

Ein Teil der bei Liszt eingehenden Post – sieht man einmal von reiner Verehrerinnenpost ab – enthielt die Bitte, Liszt möge für eine Privatperson (meist Musiker) oder eine Firma (zum Beispiel eine Klavierfabrik) eine schriftliche Empfehlung abgeben; ein anderer Teil bestand aus Notenzusendungen zumeist junger Komponisten, die sich vom großen Meister ein lobendes Urteil, vielleicht auch fachmännische Kritik, erhofften. Fast immer also ging es um Reklame, offene oder versteckte. Liszt verhielt sich diesen Anfragen gegenüber äußerst ambivalent. Eingesandte Kompositionen prüfte er mit bisweilen rührender Anteilnahme und Genauigkeit im Detail, stets im Sinne immanenter Kritik die Absicht des Komponisten respektierend. Vermutlich war Liszt darin ein eher zu milder Gutachter, aber er verschreckte junge Komponisten immerhin nicht durch allzu harsche Urteile.

Ende der siebziger Jahre scheinen sich derartige unverlangte Einsendungen dermaßen gehäuft zu haben, daß Liszt zu einem reichlich fragwürdigen Mittel griff: Er beantwortete zwar Anfragen nach bestem Wissen, machte zugleich aber unmißverständlich klar, daß er sich durch sie belästigt fühle. Seinem englischen Schüler Walter Bache gegenüber bekannte er in Weimar im Mai 1879, es sei ihm »unmöglich, als pünktlicher Correspondent zu gelten«, obwohl er »fast täglich mehrere Stunden mit Briefschreibereien verbringe«. Jules de Zarembski bekam 1881 von Liszt zu lesen, er habe in sechs Wochen über 100 Briefe erhalten und sehe sich doch außerstande, sich anders als in Noten zu äußern (»à plumifier autrement qu'en notes«). Ludwig Bösendorfer mußte in einem in Rom geschriebenen Liszt-Brief vom Dezember 1881 zur Kenntnis nehmen, daß »die Abneigung gegen die Briefschreiberei bei mir eine Krankheit geworden« sei.

Aber er schrieb dann eben doch wieder Briefe, Empfehlungen, Reklametexte. Typisch für seine Art, eine Empfehlung zu geben, dies aber zugleich als seltene Ausnahme zu deklarieren, ist sein Brief an Frau Reisenauer-Pauly in Königsberg vom 29. Januar 1881 aus Budapest:

»Mit Empfehlungen sehr sparsam umzugehen gehört zu meinen Pflichten. Indess wiederhole ich gerne, dass meines Bedünkens Ihr Sohn Alfred [...].«

»Trotz meiner Abneigung gegen Empfehlungen«, so begann mancher Brief jener Spätjahre, um dann durch eine unvermindert herzliche Empfehlung für eine klavierspielende Tochter oder einen singenden Sohn abgeschlossen zu werden.

Nicht anders hielt er es mit Firmen, die von Liszt zu Reklamezwecken ein lobendes Wort über ihre Produktion erbaten. Dem Klavierfabrikanten Rudolf Ibach gegenüber bekundete Liszt 1878 seinen »Abscheu gegen alle Dinge der Reclame« – um denselben noch im gleichen Jahr einem andern Klavierbauer gegenüber elegant zu überwinden:

»Da Sie die Freundlichkeit hatten, meine Behausung in der Weimarer ›Hofgärtnerei‹ mit einem Ihrer vortrefflichen Pianino zu schmücken, darf ich nichts dagegen einwenden, wenn die Firma Höhle sich als Lieferant für Dr Franz Liszt bekennt« – was diese denn auch eifrigst tat.

Allmählich wurde dem alten Liszt die tägliche Post, die überdies nur gelegentlich ein brauchbares Klavier enthielt, doch zuviel. Im Jahre 1882 – er zählte inzwischen 71 Jahre – sah er sich zu einer höchst offiziellen Bekanntmachung veranlaßt, die er dem Redakteur der *Allgemeinen Musikzeitung* Otto Lessmann zur Publikation übersandte und die nur durch den Hinweis zu ergänzen wäre, daß ein Teil der Last, die Liszt durch seine Briefpflichten zu tragen hatte, auch finanzieller Art war: Das beträchtliche Porto mußte er, der von den Tantiemen seiner Werke allein zu leben hatte, selbst tragen. Die Bekanntmachung hat folgenden Wortlaut:

»Durch zu viele Einsendungen von Partituren, anderen Compositionen und sonstigen Zuschriften in meinen Arbeiten äußerst gestört, bitte ich Sie, bekannt zu machen, dass ich wünsche, in dieser Weise künftig nicht weiter in Anspruch genommen zu werden. Autographensammlungen beizusteuern enthalte ich mich bescheidenst seit vielen Jahren. Ergebenst   *F. Liszt* Weimar, November 1882«

Priester nicht, Virtuose nicht

Liszt, unter Korrespondenzpflichten zusammenbrechend, sich menschenfreundlich-hilfsbereit aufraffend und unter Schmerzen und Opfern Tausende von Anfragen beantwortend: das ist nur eine der Erscheinungsweisen des »Opfers« Franz Liszt. Im Leiden, im Verzichtleisten, im Sichaufopfern war er zeitlebens ein Meister – was sogleich den Verdacht nährt, solches Zurücktreten-können habe auch ein Moment von Größe und Herrscherlichkeit, von Gönnerhaftigkeit und somit Egoismus enthalten, der Altruismus sei nichts als gut maskierter Egoismus gewesen. Freilich führt diese Betrachtungsweise nicht über allgemeine Weisheiten hinaus, und es ist deshalb notwendig, sich den Mechanismus von Liszts Selbstaufopferung vor Augen zu führen.

Der auf den Namen Franciscus Getaufte – Latein war in Ungarn Amtssprache – wollte mit 16 Jahren Priester werden, in den Franziskanerorden eintreten. Sein großes Talent, das längst entdeckt worden war, vielmehr: seine ehrgeizigen Eltern hinderten ihn daran; der musikliebende Vater, der selbst früher dem Priesterwunsch hatte entsagen müssen, entzog dem lesehungrigen, religiös schwärmerischen Sohn die geistliche Lektüre. Aber nach dem Tod des Vaters im August 1827 flammte in Franz der Wunsch nach der Mönchskutte wieder auf. Rückblickend schrieb er (beziehungsweise seine Vertraute Marie d'Agoult) im zweiten *Reisebrief eines Baccalaureus* an George Sand im Januar 1837:

»Später, als der Tod mir den Vater geraubt und ich allein nach Paris zurückgekehrt war [...], war ich wie erdrückt von den Unmöglichkeiten, welche sich auf allen Seiten dem Wege entgegenstellten, den sich mein Gedanke vorgezeichnet hatte. [...] Ich hätte alles in der Welt lieber sein mögen als Musiker im Solde großer Herren, patronisiert und bezahlt von ihnen wie ein Jongleur oder wie der weise Hund Munito. [...] Um diese Zeit machte ich eine Krankheit von zwei Jahren durch, während welcher mein ungestümes Bedürfnis des Glaubens und der Hingabe sich an die ernsten Übungen des Katholizismus verlor.«

Dem erneut aufflammenden Priesterwunsch entsagte Liszt, indem er die Situation einer (göttlichen) Berufung vom Priesteramt auf das Künstleramt transponierte. Diese Konsequenz scheint das Ergebnis eines monatelangen Rückzugs aus dem Pariser Konzertleben gewesen zu sein – Liszt verzichtete tatsächlich derart vollständig auf öffentlichen Ruhm und auf jegliche Objektivierung in der Gesellschaft, daß man ihn für tot hielt und (in der Zeitung *Étoile*) sogar einen Nachruf auf ihn verfaßte.

Der Abbé Liszt im Alter. Photographie von Louis Held, Weimar.

Nach Liszts freiwilligem Rückzug von der »Welt« brach der Priesterwunsch in ihm nicht mehr offen aus, sondern erschien allenfalls »aufgehoben« in der Mission des Künstlertums, von der es im dritten öffentlichen Brief an George Sand vom April 1837 heißt:

»Traurig und groß ist die Bestimmung des Künstlers. Eine heilige Gnadenwahl drückt bei seiner Geburt ihr Siegel ihm auf. Nicht er wählt seinen Beruf, sondern sein Beruf wählt ihn und treibt ihn unaufhaltsam vorwärts.«

Liszts Verhältnis zum Katholizismus war nicht so beständig positiv, daß seine Bereitschaft, dieser Kirche als Kleriker zu dienen, ungebrochen hätte bestehen können. 1836 verglich er Marie d'Agoult gegenüber den Zustand dieser Konfession mit einer stehengebliebenen Uhr; erst in den fünfziger Jahren bemühte er sich wieder um engeren Kontakt mit der römisch-katholischen Kirche, schrieb die *Graner Festmesse* zur Einweihung der neuen Basilika in Gran (heute Esztergom) und definierte sich als »Ungar, Catholik und Componist«.

Damals, 1856, wurde Liszt als Konfrater des Pester Franziskanerklosters dem Orden assoziiert – eine hohe Ehrung und, psychologisch betrachtet, ein später Sieg über seinen Vater, der ihm früh die Virtuosenlaufbahn aufzwang. Liszt war somit, als er 1865 in der Kapelle des Kardinals Gustav zu Hohenlohe-Schillingsfürst in Rom die niederen Weihen zum Weltgeistlichen, zum »Abbé«, empfing, bereits nicht mehr »Laie« im Vollsinn des kirchlichen Begriffs. Als Angehöriger des Franziskanerordens (als »Akolyth«, dem vierten Grad der niederen Weihen) erwuchsen ihm allerdings außer dem täglichen Breviergebet keine besonderen lebenspraktischen Verpflichtungen, insbesondere keine Zölibatspflicht.

Der Vorwurf ließ denn auch nicht lange auf sich warten, Liszt sei nur aus Reklamegründen in den Klerus eingetreten – um, als gewiefter Schauspieler in allen möglichen Rollen, ein weiteres Mal auf sich aufmerksam zu machen, die Welt mit einer neuen Verkleidung zu verblüffen; ein Verdacht, den sogar so seriöse Organe äußerten wie der Supplementband des *Dictionnaire de Fétis*, erschienen in Paris 1880. Und zeitgenössische Berichte über

Liszt zeigen einen keineswegs demütig gewordenen Weltflüchtigen, sondern eher einen eitlen Gecken in der Soutane. Ein adliger Liszt-Schüler aus Ungarn, Sándor von Bertha, besuchte den Meister einmal im Vatikan und erstattete darüber – allerdings erst 32 Jahre später – in einem der *Sammelbände der Internationalen Musikgesellschaft* (1907) Bericht:

»Liszt empfing mich mit überschwenglicher Fröhlichkeit, die nur gestellt sein konnte. Nachdem er mich auf der Schwelle seines Zimmers umarmt hatte, pflanzte er sich in dessen Mitte auf, drehte eine Pirouette und fragte mich, ob ihm die Soutane eines Abbés meiner Meinung nach gut stehe. Dann zeigte er mir seine Schuhe mit silbernen Schnallen und seine Visitenkarten: ›Abbé Liszt‹. Soviel kindliches Wesen ließ mich vollständig erstarren.«

Selbstverständlich kursierten bald auch mehr oder weniger gut erfundene Anekdoten wie jene, daß Liszt vor seiner Weihe dem Papst fünf Stunden lang beichtete, bis dieser ihn unterbrach und ihn aufforderte, den Rest seiner Sünden dem Klavier anzuvertrauen ...

Der wahre Kern dieser Geschichten besteht darin, daß Liszt mit seinem Eintritt in den geistlichen Stand natürlich nicht aufgehört hatte, Künstler zu sein – darstellender Künstler trotz des Verzichts auf öffentliche Klavierdarbietungen, und somit auch eine der Erscheinungsseite des Künstlertums zugewandte Figur. »Ich trage meine Soutane, wie wenn ich sie immer getragen hätte«, schrieb er kurz nach seiner Ordensweihe in einem Brief; dieser Satz ist auch zu lesen als Bekenntnis zur Kontinuität in seinem Leben, auch wenn die Umwelt seine Entwicklung vom romantischen Schwärmer und Frauenhelden zum Geistlichen schwerlich als gerade Lebenslinie nachvollziehen konnte. Seine klerikale Laufbahn war mit dem entscheidenden Jahr 1865 allerdings noch nicht abgeschlossen. 1878 wurde er zum »Chanoine titulaire«, zum Titularkanonikus von San Albano, der Diözesankirche des Monsignore Hohenlohe zu Rom, ernannt. Als Liszt am 31. Juli 1886 in Bayreuth verstorben war, kleidete man den Leichnam zur Beerdigung in seine Franziskanerkutte.

Émile Haraszti urteilt (in seinem vorzüglichen Buch *Franz Liszt*, Paris 1967) scharf:

»Liszt ist ein liberaler Katholik. Seine Religion ist in erster Linie ästhetisch; seine Kunst ist in keiner Weise durch das Dogma inspiriert.«

Ließe sich Gleiches nicht auch von Bach, Mozart oder Reger sagen? Gewiß ist freilich, daß Liszts kompositorisches Schaffen in stofflich-thematischer Hinsicht sehr stark von der religiösen Wendung inspiriert war – und daß, umgekehrt, seine nunmehr in großer Zahl hervorsprießenden geistlichen Werke von den Errungenschaften zehrten, die sich der Komponist Liszt in den vorangehenden Jahrzehnten auf »profanem« Feld angeeignet hatte. Die späten geistlichen Kompositionen wie die *Via crucis* oder andere Chorwerke greifen manche harmonischen Errungenschaften der Frühzeit Liszts wieder auf; und an der »Nahtstelle« zwischen der vorklerikalen und der klerikalen Schaffensperiode ist geradezu mit Händen zu greifen, wie Kompositionsprinzipien der Weimarer »Glanzperiode« in den »römischen« Kompositionsstil eingingen, um dort keineswegs als Fremdkörper, sondern in höchster Verschmelzungsfähigkeit als konstitutive Formträger zu fungieren.

Als Liszt im März 1866 zum erstenmal die allerdings schon 1858 vollendete *Graner Festmesse* in Paris vorstellte, tat er dies selbstverständlich als Abbé. Die Zeitung *L'Évènement* vermeldete nicht ohne Ironie in ihrem Bericht vom 17. März, »daß die Robe des Geistlichen in ihren Falten den vulkanischen Schimmer des Künstlergenies trägt« – und führt Buch über die politische und musikalische Prominenz, die sich in der Kirche Saint-Eustache eingefunden hatte: der General Émile Mellinet war da mit seinem Offiziersstab, Hector Berlioz (der das gesellschaftliche Massenereignis mit dem Satz kommentierte: »Il y avait une foule immense. Mais, hélas, quelle négation de l'art!«), Charles Gounod, Henri Herz, Daniel François Esprit Auber, Fürstin Pauline Metternich, Gräfin von Pourtalès, der Abbé Charles Lucien Bonaparte, Prinzessinnen und Marquisen, wohin man blickte ...

Die *Graner Messe*, darin ganz Brückenwerk zwischen den Lisztschen Stilphasen, ist eine symphonische Dichtung mit anderen Mitteln. Über den kanonischen Text des Ordinarium missae – Kyrie, Gloria, Credo, Sanctus, Benedictus, Agnus – legt sich als autonome kompositorische Schicht ein durch wenige prägende Leitmotive verspanntes Netz; bisweilen bilden die einzelnen Sätze – so vor allem das großartige »Credo« – in sich vielgliedrige, symphonisch konstruierte Einheiten: Das einleitende Quintfallthema kehrt an verschiedenen Stellen des Glaubenstextes wieder und gibt das Material zur Schlußfuge dieses Teils (»et unam, sanctam, catholicam ...«) ab. »Sanctus« und »Gloria« sind assoziativ untereinander verbunden, das »Benedictus« hallt durch Thementransformation in der Einleitung zum nachfolgenden »Agnus Dei« nach. Anfang und Schlußteil sind durch das mehrfache Zitat des Motivs aus dem »Christe eleison« verbunden, sozusagen überkreuzt durch die feierliche Wiederkehr des »Credo«-Themas am Ende der Messe zur Friedensbitte »dona nobis pacem«.

Liszts Weltentsagung war nur eine partielle – kompositorisch wie auch in intimeren Dimensionen seines Lebens: Frauen spielten darin weiterhin eine wichtige Rolle, wenngleich die Heiratspläne mit der Fürstin Sayn-Wittgenstein unter dem Eindruck der Weigerung ihrer Familie endgültig begraben werden mußten (der Heilige Stuhl erhob inzwischen keine Einwände mehr). Die Geschichte des anderen großen Verzichts in Liszts Biographie setzt sich aus weniger pikanten Details zusammen, ist freilich in ihrer inneren Dynamik von Verweigerung und Gewährung, von Rückzug und Wiedereröffnung kaum weniger spannend: Liszts Absage an die »Pianisterei«, wie er 1879 einmal grimmig formulierte.

Überdruß am Pianistenberuf, an der Selbstpräsentation mit pianistischen Höchstleistungen, hatte sich schon in den zwanziger Jahren geregt; damals floh Liszt vorübergehend in die Innerlichkeit, in Melancholie und brütende Religiosität. Aber der Weltruhm holte ihn wieder ein, der Rückzug vom Konzertpodium gelang nicht – auch nicht unter dem Einfluß Marie d'Agoults, welcher Liszt noch im Jahre 1839, also bereits am Ende der Beziehung mit Franz, bekannte:

»Ich habe einen Widerwillen gegen mein Klavierspiel. Ich möchte nur für Sie spielen, und ich weiß nicht, warum diese Menge mir lauscht und mich bezahlt.«

Drei Monate später – wieder auf Konzertreise in Wien – lehnte Liszt sogar ein Konzertangebot ab und schrieb an Marie: »Das Klavier ist mir zuwider.«

Erst sieben Jahre später vollzog er indes den endgültigen Abschied vom Konzertflügel – doch dieser Abschied konnte nur so total sein, wie es einem auf die Anerkennung durch die »Welt« angewiesenen Menschen eben möglich ist. Der Rückzug war, mit andern Worten, ein beständiger Kampf gegen das eigene narzißtische Bedürfnis. Immerhin gab es einen relativ klaren Einschnitt, mitbedingt allerdings auch durch den bevorstehenden Amtsantritt als Weimarer Hofkapellmeister: Im September 1847 gab Liszt in Jelisawetgrad bei Odessa seinen letzten »offiziellen« Klavierabend, wenige Monate, nachdem er die Fürstin Carolyne kennengelernt hatte.

Im Lichte zahlreicher Liszt-Briefe aus den letzten vier Lebensjahrzehnten mutet sein Abschied vom Konzertpodium weniger als autonome, in sich ruhende Entscheidung an denn als Verweigerung, als wahr gemachte Drohung, als Spiel mit der eigenen Macht. Wer droht und sich weigert, will damit häufig eine besondere Beziehung zu dem Bedrohten herstellen oder aufrechterhalten, will sich in Erinnerung rufen, auf sich aufmerksam machen. Dies war der Fall, als Liszt sich um 1847/48 vom Virtuosendasein zurückzog: Er durchschnitt damit den Faden zu seinem Publikum nie und hob sich selbst als Attraktion gleichsam in der Negation des Nicht-mehr-Auftretens noch auf.

Absagen an Konzertveranstalter konnten deshalb den merkwürdig zerknirschten Tonfall annehmen, den ein solches Schreiben aus dem Jahr 1854 trägt:

»Da ich seit mehr als sieben Jahren allen Concertproductionen als Clavierspieler entsagt habe, [...] hoffe ich, dass Sie mein Verhalten auf den von mir festgelegten Entschluss – fernerhin das Publikum nie mehr zu beanspruchen durch meine Flügel-Virtuosität – mir nicht übel deuten werden.«

Wie aber sichert man sich als sich Verweigernder trotzdem die Zuneigung der Bittsteller? Indem man ihren Bitten in sorgsam bemessenen Ausnahmerationen doch nachgibt. Genau dies tat der Pianist Liszt in den Jahren nach 1848. Es stimmt, daß er sich nicht mehr um Virtuosenkonzerte bemühte; aber es stimmt auch, daß er diesbezüglichen Bitten und Anfragen nicht grundsätzlich ablehnend gegenüberstand und von Fall zu Fall eben doch wieder öffentlich auftrat.

So war es, als man ihn bat, im März 1873 in einem Konzert zugunsten der Robert-Franz-Stiftung in Budapest als Pianist aufzutreten. Liszt lehnte erst mit der üblichen Begründung ab – und spielte dann doch: Beethovens *Sonate As-Dur* op. 26 und seine eigenen *Soirées de Vienne* nach Schubert. Und er ließ sich, meist zu wohltätigen Zwecken, immer wieder an den Konzertflügel zurückbitten, und dies mit pianistisch keineswegs anspruchsloser Kost. Im März 1875 gab er in Budapest in einem Konzert Wagners noch einmal das *Es-Dur-Konzert* von Beethoven, eines seiner lebenslangen Paradestücke, zum besten. Ein Jahr später war es dann soweit: Liszt wollte mit einem Wohltätigkeitskonzert für die Überschwemmungsopfer von Budapest seine »überlange Virtuosen-Laufbahn [...] beschließen«. Aber schon ein Jahr später hörte man ihn in Wien in einem »Beethoven-Monument-Concert« wieder mit dem *Es-Dur-Konzert* und der *Chorfantasie*. Laut einem Brief von 1883 war dies sein offizielles »Ende als Pianist«. Dies hinderte Liszt nicht daran, am 30. Dezember 1879 erneut Klavier vorzuspielen – in der römischen Villa d'Este, zugunsten der notleidenden Szegediner Bevölkerung. Liszt nannte sein Klavierspiel damals wiederholt, schonungslos gegen sich selbst, »invalide« (und seine späten Stücke entsprechend »Spitalmusik«). Nach 1881 scheint er tatsächlich nicht mehr in der Öffentlichkeit, allenfalls noch in der Halböffentlichkeit seiner relativ offenen Klavierklassen, gespielt zu haben.

Der endgültige Abschied vom Konzertsaal war gelungen, aufdiktiert freilich von den Gebresten des Alters, und es erscheint unabweislich, die verwickelte Geschichte dieses Rückzugs anders zu deuten als seine wiederholt ausgesprochenen und wieder dementierten Drohungen, keine Korrespondenz mehr zu erledigen: als Dokument einer Willensstärke, die ihre Grenzen an der psychischen Notwendigkeit fand, sich der Menschheit immer wieder als großzügiger Gönner zu schenken.

»Der Tristan zahlt alles wieder!«

Drei Monate, nachdem Wagner in Venedig verstorben war, widmete ihm Liszt eine kleine Komposition von gerade 55 Takten: *Am Grabe Richard Wagners,* ein Stück in alter »Tombeau«-Tradition, das in drei separaten Besetzungen überliefert ist: für Klavier, für Streichquartett mit Harfe und für Orgel oder Harmonium, alle datiert mit »Weimar, 22. Mai 1883«. Für einmal ist es unmöglich, die klare Trennung von Original und Bearbeitung zu ziehen – drei selbständige Originale oder, wenn man will, drei Bearbeitungen eines nur ideell existierenden Originals.

Daß das Stück eine Huldigung des »älteren musikalischen Bruders Richard Wagners« (Alfred Brendel) an den verstorbenen Freund und Schwiegersohn darstellt, sagt nicht allein der Titel, sondern viel deutlicher noch der auf die *Parsifal*-Motivik zurückverweisende »Inhalt« des kurzen Werks. Man hört zu Beginn, einstimmig, Anklänge an das »Abendmahlsmotiv«, das auch *Parsifal* einleitet, wobei Liszt den Wagnerschen Durdreiklang zunächst in einen übermäßigen Dreiklang verwandelt (cis-f-a-b); es folgt eine ausharmonisierte Variantenfolge dieses Motivs und zum Schluß das Glockenmotiv aus *Parsifal.*

Trotz der omnipräsenten *Parsifal*-Motivik ist das Stück jedoch, näher besehen, keine rundum positive Huldigung an Wagner. Auf der ersten Manuskriptseite vermerkte Liszt:

»Wagner erinnerte mich einst an die Ähnlichkeit seines Parsifal-Motivs mit einem früher geschriebenen – ›*Excelsior* – (Einleitung zu den *Glocken von Strassburg*)‹. Möge diese Erinnerung hiermit verbleiben. Er hat das Grosse und Hehre in der Kunst der Jetztzeit vollbracht.«

Welche Erinnerung meint Liszt – die an Wagner oder die an die Priorität Liszts in bezug auf das *Parsifal*-Hauptmotiv? Die zweite Deutung läge sprachlich näher, aber sie wirkt »am Grabe Richard Wagners« und für ein Huldigungswerk an einen Verstorbenen höchst bedenklich. Der Satz wäre dann eher die Definition eines klaren kompositorischen Abhängigkeitsverhältnisses Wagners von Liszt, einer »Schuld«, an die die Nachwelt am Grabe des Schuldners erinnert werden sollte. Tatsächlich geben die Fakten dieser Deutung recht – auch wenn man die Zweideutigkeit von Liszts Ergänzungssatz seinem fortgeschrittenen Alter wird zuschreiben müssen: So hat er's bestimmt nicht sagen wollen, auch wenn es im Grunde doch so »gemeint« war.

In der Tat geht das Anfangsmotiv von *Parsifal* auf das zweisätzige Werk für Baritonsolo, Chor und Orchester *Die Glocken des Straßburger Münsters* (erster Satz: »Excelsior«) von 1874 zurück; Liszt selbst verwies indes auf den gregorianischen Ursprung dieser Formel. Auch das »Glockenmotiv« wurde möglicherweise von Liszt gefunden; es geht wohl, wie August Göllerich überliefert, auf den Weihegesang *Zum Haus des Herrn ziehen wir* zurück. Wenn also Wagner zum Vollender der Gegenwartskunst werden konnte, dann – so die radikal nüchterne Botschaft des Stückes – auf Kosten Liszts, der das Material lieferte, welches Wagner glänzend verarbeitete.

Ein erster Anhaltspunkt für ein einseitiges »Schuldverhältnis« zwischen Liszt und Wagner führt in die späten vierziger Jahre zurück. Liszt hatte, ein Jahr nach seinem Amtsantritt als Weimarer Kapellmeister, Wagners *Tannhäuser* aufgeführt und damit ein erstes Signal für seine musikalische Reformpolitik in der kulturell eher unbedeutenden mitteldeutschen Stadt gesetzt. Im Mai 1849 war Wagner, der anarchistische Anhänger Pierre Joseph Proudhons und der Dresdner Revolution, auf der Flucht vor der Verhaftung in Weimar: Liszt und die Fürstin Sayn-Wittgenstein gewährten ihm für einige Tage Unterschlupf und halfen seine Flucht in die freie Schweiz organisieren. In der Folge verfaßte er einige zur Durchsetzung des Wagnerschen Werks sehr wichtige »Propagandaschriften« (über *Tannhäuser, Lohengrin*, den *Fliegenden Holländer, Rheingold*), führte im August 1850 *Lohengrin* zum erstenmal auf, 1852 die *Faust-Ouvertüre*, 1853 den *Fliegenden Holländer*, und wirkte 1856 bei einer Privataufführung des ersten *Walküre*-Aktes in Zürich am Klavier mit.

Der Briefwechsel zwischen Liszt und Wagner gibt der Auffassung, Liszt sei in diesem Verhältnis einseitig der Gebende und Wagner der Empfangende gewesen, recht. Einer der ersten Briefe Wagners an Liszt – die beiden Komponisten hatten sich im Spätherbst 1840 in einem Pariser Salon kennengelernt und bald brief-

Konzert in der Villa Wahnfried, Bayreuth um 1880. Gemälde von Georg Papperitz.

lichen Kontakt aufgenommen – begründet das Verhältnis von Bittsteller und Gönner: Wagner bittet Liszt um finanzielle Unterstützung für die Herausgabe seiner Musikdramen. Übrigens bringt Wagner diese Bitte über einen rhetorischen Umweg von großer Geschicklichkeit an:

»Sie sagten mir kürzlich, daß Sie für einige Zeit Ihr Piano zugeschlossen hätten: ich nehme nun an, daß Sie für's Nächste Banquier geworden sind«, schreibt er am 23. Juni 1848.

»Ich kann betteln« und »hilf mir! hilf mir! Lieber Liszt!« heißt es ein Jahr später; die Bitten um materielle Unterstützung werden immer selbstverständlicher, Wagners Briefstil immer exklamativer. Wagner 1854 an Liszt:

»Höre mein Franz! Du mußt jetzt helfen! Es steht schlecht – *sehr* schlecht mit mir!«

Noch 1859 tönt es aus Venedig:

»Ich brauch' Geld! [...] Der Tristan zahlt alles wieder!«

Daß der Briefwechsel um 1860 merklich abkühlte und zwischen Juli 1861 und Mai 1872 fast gänzlich aussetzte, war nicht etwa allein einem Überdruß Liszts an der ewigen Bettelei Wagners zuzuschreiben: Liszt war auch verstimmt über das Verhältnis, das seine Tochter Cosima wenige Jahre nach ihrer Heirat mit Hans von Bülow mit Wagner eingegangen war. Im Juni 1866 war sie zu Wagner nach Tribschen am Vierwaldstätter See gefahren; zwei Jahre später zog sie mit allen drei Kindern zu ihm und heiratete Wagner nach weiteren zwei Jahren.

Wagner seinerseits beklagte sich darüber, daß Liszt ihm immer seltener auf seine Briefe antwortete und daß diese Antworten häufig so kurz ausfielen. Tatsächlich ist das Mißverhältnis im brieflichen Verkehr der beiden Heroen unverkennbar. Daß Wagner Liszt als »großen Unglaublichen« und Liszt Wagner als »göttlichen Menschen« bezeichnete, besagt nämlich keineswegs, daß ihre Männerfreundschaft symmetrisch gewesen wäre. In geistiger Hinsicht war Wagner – konträr zu seiner materiellen und praktischen Abhängigkeit von Liszt – durchaus der Gebende: Er weihte Liszt freimütig in seine kompositorischen Pläne ein und bemühte sich, ihn vom Primat der dramatischen Musik zu überzeugen. Liszt ging auf dieses kaum verhüllte Werben um die wahre Musikanschauung der Zukunft ein – zum Schein, als höflicher Mensch und guter Diplomat. »Meine Freude besteht darin, Dir nachzufühlen und zu folgen«, hatte er noch im Oktober 1855 an Wagner geschrieben.

In Wirklichkeit aber mußte ihm die Wagnersche Kunstanschauung, die in der Glorifizierung des »Musikdramas« gipfelte, nicht nur innerlich fremd bleiben, sondern sogar als Angriff auf sein eigenes Schaffen erscheinen: In diesem ist die dramatische Musik durchaus sekundär, die geistliche Musik (die Wagner verwarf) dagegen zentral. Es waren mithin also auch »kunstpolitische« Faktoren, die den Graben zwischen Liszt und Wagner vertieften – einen Graben, der durch die Einwirkung der Fürstin Sayn-Wittgenstein nicht eben zugeschüttet wurde: Die Fürstin hegte persönliche Ressentiments gegen Wagner, zog ihm Berlioz als Komponisten vor und versuchte, Liszt von Bayreuth möglichst fernzuhalten.

Der Liszt-Forscher Gerhard J. Winkler weist noch auf ein zusätzliches Moment in der Beziehung Liszt–Wagner hin, das durch die unlängst veröffentlichten Tagebücher Cosima Wagners gut dokumentiert ist. In der Biographie der beiden großen Komponisten erfolgte nämlich ungefähr zur gleichen Zeit jeweils ein »Richtungswechsel«, aber in entgegengesetzte Richtungen: Wagner etablierte sich endgültig in Bayreuth, machte es zum (nicht bloß geographischen) Zentrum seines Lebens und Wirkens, während Liszt seine »vie trifurquée« zwischen Rom, Weimar und Budapest begann und jährlich wohl gegen 4000 Kilometer auf beschwerlichste Weise zurücklegte. Wagner vermochte darin nichts anderes zu sehen als ein Zerstreuungsbedürfnis, das ihm als Rückfall hinter den eigenen Lebensstand erscheinen mußte. Unter dem Datum des 15. Juli 1870 notierte Cosima in ihr Tagebuch:

»[...] durch ihn [Karl Klindworth] erfahre ich auch, daß der Vater [Liszt] mit einem Troß von Bekannten zu der Aufführung der Walküre [in München] reist und dann nach dem Oberammergauer Passionsspiel. Wie verschieden dieses Leben von dem unsrigen, wie nach außen gekehrt, zerstreuungsbedürftig, wie groß die Kluft zwischen uns!«

Gute zwei Jahre später, am 17. Oktober 1872 (Liszt war zu Besuch in Bayreuth):

»Langes Gespräch mit dem Vater; Fürstin Wittgenstein quält ihn in Bezug auf uns, er solle Wagner's Einfluß fliehen, künstlerisch wie moralisch, mich nicht wiedersehen, dies erheische seine Würde, wir hätten einen moralischen Mord an Hans [von Bülow] verübt u. s. w. Ich bin sehr betrübt, daß der Vater also gequält wird – er ist so müde, und immer wird an ihm gezerrt! Namentlich die unselige Frau in Rom hat nie anderes gewußt als ihn aufzuhetzen – – mich und uns will er aber nicht aufgeben.«

Weitere acht Jahre später fixiert Cosima Wagners kritische Interpretation des Lisztschen »Wanderlebens« zwischen den drei Städten, in deren Begrifflichkeit auch Wagners Kritik an der französischen Romantik eingeflossen ist: Liszts dreigeteiltes Leben sei von innerer »Leere« geprägt, die nur durch »Schein-Verpflichtungen« ausgefüllt werden könne (11. Juni 1880).

Solche souverän vorgetragene, in der Sache gewiß nicht untriftige Kritik läßt leicht vergessen, daß Wagner unbewußt tatsächlich von Schuldgefühlen Liszt gegenüber geplagt war, wobei die musikalischen Anleihen, die er an Liszts Musik machte, sicherlich nur einen Teil seiner »Schuld« ausmachten. Sein »Raub« Cosimas an dem von Liszt hochgeschätzten Bülow ließ ihn nicht zur Ruhe kommen, und er hatte Grund genug, in diesem Netz von Schuld und Verstrickung dem alten Liszt eine Schlüsselrolle zuzuschreiben. Cosima hat, in Unkenntnis der erst von Sigmund Freud analysierten Zusammenhänge zwischen Traum und Triebleben, einige Träume Wagners aufgeschrieben, darunter am 21. Oktober 1876 den folgenden:

»Stürmische Nacht, Hagel, Donner und weiß Gott was alles. R[ichard] träumt von meiner Hinrichtung, ich hätte mit meinem Vater abgemacht, daß, um meine Verheiratung mit R. zu büßen, ich mich hinrichten lassen müsse, nur Lulu [die Tochter Daniela] sollte mich begleiten; er hatte anfangs nicht daran geglaubt, wie er mich aber auf einer Bahre haben tragen sehen, weil ich nicht gehen konnte, habe er laut geschrien und sei von seinem Schrei aufgewacht. Vorher hatte er geträumt, daß Siegfried aufgeführt würde und daß etwas Unrichtiges auf der Bühne,

Richard Wagner mit Cosima, Franz Liszt und Hans von Wolzogen in der Villa Wahnfried, Bayreuth 1880.

›Brandt, die Beleuchtung geht ein‹, mit diesen Worten sei er aufgewacht!«

Liszt und Wagner – wer war Gönner, wer Nutznießer (oder:
wer war Opfer, wer Täter)? Die Antwort wird auf verschiedenen
Ebenen unterschiedlich ausfallen. Liszt neigte dazu, sich einseitig als Förderer Wagners zu sehen, und die Tatsachen geben ihm
ja auch recht: Er rettete Wagner vor politischer Verfolgung, un-
terstützte ihn ideell, finanziell und durch Empfehlungen, ließ ihn
sein eigenes Werk wie einen Steinbruch brauchbarer Motive
plündern und »schenkte« ihm, wenngleich widerwillig, die Tochter Cosima.

Wagner war Liszt, soweit er dazu in der Lage war, für all
das dankbar. Davon zeugen nicht zuletzt die Tagebücher Cosimas, die im Unterschied zu Wagners »offiziellen« Schriften
von hohem Pathos frei sind. Wagner wußte, daß kein anderer
als Liszt ihm, Wagner, »die Bahn eröffnete«, und gestand iro-
nisch, vieles aus den symphonischen Dichtungen des Schwie-
gervaters »gestohlen« zu haben. Damit erntete er freilich den
größeren Erfolg als Liszt: Während Wagner sich in Bayreuth
glanzvoll etablierte und das Festspiel zur Glorifizierung seiner
selbst begründete, geriet Liszt mit seinem spröden Spätwerk
immer mehr ins Abseits, verlor Ruhm und Achtung als führen-
der Komponist.

Wagners wiederholt ausgesprochener Vorschlag, den greisen
Liszt (den Wagner freilich in seiner Phantasie älter und gebrech-
licher machte, als er es in Wirklichkeit war) zu sich nach Bayreuth zu nehmen, mag mit dem Gefühl von Schuld zusammen-
hängen, das Wagner in bezug auf Liszt durchaus kannte. Doch
war sein letztes vollendetes Werk, das Bühnenweihfestspiel *Parsifal,* in gewisser Weise doch wieder eine Annäherung auch an den
späten Liszt, dessen geistliche Werke Wagner zuvor in schroffen
Worten verworfen hatte: Er sprach von »Pfaffengeplärr«, »kindi-
schem Spielen mit Intervallen«, von einer »Verarmung des Geistes«. In Thematik und musikalischer Motivik betrat er am Ende
selbst wieder den Boden der religiösen Musik, jahrzehntelang die
Domäne seines Förderers und Rivalen Liszt.

Das heikle Verhältnis von Spender und Nutznießer, das die

Beziehung zwischen Wagner und Liszt in einen problematischen Schwebezustand brachte, könnte hellhörig machen für feinste Schwingungen, könnte zum Suchen nach Spuren eines innerkompositorischen »Gesprächs« über Prioritätsfragen verleiten. Liszt, sicherlich der kühlere Kopf, scheint solchem Spielen auf der Ebene subtiler Kennerschaft nicht abgeneigt gewesen zu sein. Weshalb änderte er die »klassische« Anfangsintervallfolge von *Parsifal* (große Terz, kleine Terz) zu Beginn von *Am Grabe Richard Wagners* in den »falschen« übermäßigen Dreiklang zweier großer Terzen? Die Prozedur lenkt eher von *Parsifal* ab, als daß sie zu ihm hinführte; assoziiert wird eher ein früheres Werk Wagners, an dessen Durchsetzung Liszt großen Anteil hatte: *Tannhäuser*. Gewiß wäre die Assoziation reichlich spekulativ, wenn nicht Liszt selbst darauf hingewiesen hätte, daß die vielbestaunten übermäßigen Dreiklänge in der »Venusberg«-Musik des ersten Aktes bereits in seinen *Petrarca-Sonetten,* die einige Jahre früher entstanden, enthalten seien.

In einem andern Fall verhielt sich Liszt ganz ähnlich. Diesmal ist es Liszt als Bearbeiter eines Werks von Wagner: des *»Liebestods«* der Isolde aus dem dritten *Tristan*-Akt. Er begnügte sich, als er den *Tristan*-Schluß 1867 für Klavier zu zwei Händen setzte, nicht mit der puren Übertragung des Notentextes, sondern spannte eine kurze, langsame Einleitung von vier Takten davor, in welcher sich Eigenes und Fremdes (Wagnersches) eigentümlich verbindet. Die Musik stammt aus dem sogenannten »Sterbelied-« oder »Scheidegesang«-Motiv der Oper. Darin ist ein Klang konstitutiv, der im originalen »Liebestod« so nicht vorkommt: es-g-a-c-g, die Bestandstöne des »Tristan-Akkords« auf dem Grundton a (a-es-g-c). Dieses subtile »Zitat« ist nicht ohne Hintersinn an diese bedeutsame Stelle gesetzt. Denn der »Tristan-Akkord«, dessen kompositorische Wirkung epochal und bis weit ins 20. Jahrhundert prägend war, war nicht Wagners »Erfindung«, sondern findet sich schon 1845 deutlich vorformuliert – in einem Lied von Liszt (*Ich möchte hingehn* auf einen Text von Georg Herwegh), dort sogar schon mit der Andeutung des Wagnerschen »Sehnsuchtmotivs«.

Der Sachverhalt war unter Wagner-Kennern kein Geheimnis; aber es war dem Meister unangenehm, wenn darüber offen gesprochen wurde. Was er Cosima gegenüber offenherzig als »Diebstahl« bezeichnete, sollte nicht allgemein bekannt werden. Im Oktober 1859 schrieb Wagner an Bülow aus Paris:

»So gibt es vieles, was wir unter uns gern zugestehen, z. B. daß ich seit meiner Bekanntschaft mit Liszts Kompositionen ein ganz andrer Kerl als Harmoniker geworden bin, als ich vordem war; wenn aber Freund [Richard] Pohl dieses Geheimnis sogleich à la tête einer kurzen Besprechung des Vorspieles von Tristan vor aller Welt ausplaudert, so ist dies einfach mindestens indiskret, und ich kann doch nicht annehmen, daß er zu solcher Indiskretion autorisiert war?«

Faust und Über-Faust

Die Vorstellung, daß sich Musikgeschichte nur im Bezugsrahmen kompositorischer Probleme – ihrer Stellung und Beantwortung – abspiele, erweist sich immer wieder als trügerisch. Zum einen erscheint es als notwendig, die »Ereignisgeschichte« (Carl Dahlhaus) des Musiklebens und der politisch-gesellschaftlichen Welt einzubeziehen, wenn Musikgeschichte ernsthaft betrieben und geschrieben werden soll; und zum andern erschöpfen sich die Beziehungen unter Komponisten häufig nicht in einem inner-kompositorischen Dialog von praktischer Kritik und produktiver Neuschaffung, sondern sind bisweilen auch geprägt von psychologischen Mechanismen: Wettbewerb, Konkurrenz, gegenseitiges Überbieten, Korrektur und Selbstkorrektur.

Die Faust-Kompositionen von Wagner und Liszt sind dafür ein Beispiel – wobei sich Liszt, der gern entsagte und sich als demütiges Opfer stilisierte, durch sein kompositorisches Handeln letzten Endes den Freund und Rivalen Wagner zu »besiegen« verstand. Die Geschichte dieser wechselseitigen Konkurrenz kann anhand des Briefwechsels zwischen Liszt und Wagner nachgezeichnet werden. Ihr Ausgangspunkt liegt in Wagners *Faust-Ouvertüre,* die Liszt am 11. Mai 1852 dem Weimarer Publikum zum erstenmal vorstellte (entstanden war das Werk 1839/40).

In jenem Jahr 1852 berichtete Liszt Wagner, die Aufführung seiner *Ouvertüre* habe »Sensation gemacht« und sei »gut gegangen«. Mit dieser Mitteilung begann für Wagner freilich ein Prozeß der Selbstkritik der *Faust-Ouvertüre,* der erst 1855, mit der Neufassung des Werks, zu einem Ende kam. Denn nachdem Wagner seinen Freund Liszt wiederholt vergeblich um die Rücksendung der Partitur gebeten hatte, reagierte dieser endlich, indem er – ganz in der Art eines Diplomaten, der radikale Kritik hinter einem Schleier von Komplimenten verbergen will – harsche Kritik an der Komposition übte, die er in späteren Briefen noch verdeutlichte.

»Dieses Werk«, heißt es am 7. Oktober 1852 aus Weimar, »ist ganz Deiner würdig – wenn Du mir jedoch erlaubst, eine Bemerkung zu machen, so verhehle ich Dir nicht, daß mir entweder ein zweiter Mittelsatz (bei Buchstabe E oder F) oder eine ruhigere, in anmuthiger Färbung gehaltene Führung des Mittelsatzes willkommen sein würde.«

Das F-Dur-Motiv war ihm zu massiv instrumentiert, besaß ihm zuwenig »Grazie« und wirkte auf ihn als »eine Art von Zwischending, nicht recht Fisch nicht recht Fleisch«, und schien ihm »nicht in dem richtigen Verhältniß oder Contrast« zur musikalischen Umgebung zu stehen. Er schlug Wagner die Einfügung eines zweiten, »weichen, zarten, gretchenhaft modulirten, melodischen Satzes« vor – keine geringe Veränderung einer Komposition, die er eben noch gepriesen hatte.

Zunächst schien es, als begegne Wagner diesem Vorschlag mit leichter Ironie, denn er schrieb seinem Freund einen Monat später aus Zürich:

»Du hast mich prächtig auf der Lüge ertappt, als ich mir weiß machen wollte, eine ›Ouvertüre zu Faust‹ geschrieben zu haben! Sehr richtig hast Du herausgefühlt, wo es da fehlt – das Weib! – Vielleicht würdest Du schnell aber mein Tongedicht verstehen, wenn ich es ›Faust in der Einsamkeit‹ nenne!«

Die Einfügung eines neuen Themas lehnte Wagner mit dem Argument ab, er habe bewußt den »einsamen Faust« gestalten wollen, dem das weibliche Bild seiner Sehnsucht nur vorschwebe, nicht aber wirklich sei. Zwei Jahre später – Liszt hatte inzwischen seine *Faust-Symphonie* begonnen und Wagner davon berichtet – überarbeitete Wagner sein mittlerweile 15 Jahre altes Werk aber doch und erweiterte gerade den Mittelteil, freilich ohne Hinzufügung eines »Gretchen-Satzes«.

Einen solchen wiederum komponierte Liszt als Mittelteil seiner den Figuren Faust, Gretchen und Mephistopheles gewidmeten dreisätzigen *Faust-Symphonie*, von der Wagner im März 1855 meinte, sie würde seine eigene *Faust-Ouvertüre* »beschämen«.

Wo endet hier das Spiel der Schmeicheleien, wo beginnt der Ernst kompositorischer Kritik? Gewiß ist, daß Wagner trotz seiner Unterwürfigkeit von seinem Werk – und das heißt auch: vom Verzicht auf die Ausgestaltung der Gretchen-Thematik – überzeugt war und es trotz Liszts Einwänden blieb. Zur Bekräftigung seines Faust-Bildes stellte er der Partitur ein Motto aus Goethes *Faust* (Verse 1566–71) voran, das ganz den unerfüllten, lebensüberdrüssigen Faust akzentuiert. Er blieb skeptisch gegenüber ausgemalten Utopien wie der Liebe Fausts zu Gretchen.

Solche Skepsis, die ihn als gewissermaßen realistischeren, zumindest aber pessimistischeren Komponisten neben Liszt erscheinen läßt, äußerte Wagner folgerichtig, nachdem ihn Liszt von seinem neuesten Plan einer *Symphonie zu Dantes Divina Commedia* unterrichtet hatte. Nachdem er – in einem Brief vom 7. Juni 1855 aus London – seiner Bewunderung gegenüber Liszts »enormer Produktivität« Ausdruck gegeben hatte, setzte er zu einer Kritik an, die nicht weniger eingreifend anmutet als jene Liszts an der frühen Wagnerschen Ouvertüre:

»Daß die ›Hölle‹ und das ›Fegefeuer‹ [die beiden Sätze von Liszts *Dante-Symphonie*] gelingen wird, bezweifle ich keinen Augenblick: gegen das ›Paradies‹ habe ich aber Bedenken, und Du bestätigst sie mir schon dadurch, daß Du dafür in Deinem Plane Chöre aufgenommen hast.«

Schon bei Dante, setzt Wagner hinzu, sei das »Paradies« der schwächste Teil der *Divina Commedia*.

Liszt blieb bezüglich seines Gretchen-Satzes unbelehrbar; den Plan eines das Paradies schildernden Satzes seiner *Dante-Symphonie* aber revidierte er nach Wagners Intervention. Das Werk schließt ohne verklärten Blick auf die Ewigen Gefilde mit dem »Purgatorium«, dem allerdings, stellvertretend für das Paradies, ein vokales »Magnificat« angefügt ist. Dieser Schluß der *Dante-Symphonie* entzweite die Freunde Liszt und Wagner vorübergehend wieder, denn Liszt ersetzte den zart verschwebenden ersten Schluß durch einen – wie Wagner in *Mein Leben* sagt – »pomphaften plagialischen Schluß«, der den »Domenico« vorstellen sollte; solches hatte Wagner schon bei der *Faust-Symphonie* als »gewaltsame Aufmerksamkeitserregung« gebrandmarkt. Wagner zufolge war es die Fürstin Sayn-Wittgenstein, die Liszt zu dem pompöseren Schluß veranlaßte. Vollends aufgegeben hatte Liszt aber den ursprünglichen Plan, die Musik zu Dantes *Divina Commedia* dioramaartig mit Bildern Bonaventura Genellis aufzuführen.

Liszt komponierte mit seinem Gretchen-Satz gleichsam nach, was Wagner in seiner *Faust-Ouvertüre* versäumt hatte; insofern konnte er über ihn triumphieren. Doch folgte er ihm umgekehrt zumindest in einem motivischen Detail, ohne daß man entscheiden könnte, ob es sich um ein bewußtes musikalisches Zitat oder um eine unwillkürliche Erinnerung handelt: Die Takte 83–87 im ersten Satz seiner *Symphonie* sind eine Paraphrase der Takte 367–375 der Wagnerschen *Ouvertüre* (vgl. dazu: Constantin Floros, »Die Faust-Symphonie von Franz Liszt. Eine semantische Analyse«, in: *Musik-Konzepte* Bd. 12, München 1980). Trotzdem »beschämt«, um Wagners Wort zu verwenden, die prachtvolle *Faust-Symphonie* die knappe *Faust-Ouvertüre* durch inneren Reichtum und Kühnheit, durch Größe und Modernität (ihr erstes Hauptthema ist nichts Geringeres als eine Tonfolge aus zerlegten übermäßigen Dreiklängen, deren Tonbestand alle zwölf Töne der chromatischen Skala umfaßt – das erste »Zwölftonthema« der Musikgeschichte!).

Besser als Wagner war es Liszt gelungen, das Schillernde, das Vielgesichtige der Faust-Figur darzustellen. Die traditionelle Einheit des Zeitmaßes in einem Sonaten-(Symphonie-)Satz ist preisgegeben zugunsten eines charakteristischen Wechsels vom »Allegro agitato ed appassionato« des Hauptthemas zum »Affettuoso quasi Andante« des zweiten Seitenthemas; und das dritte, »Grandioso, poco meno mosso« bezeichnete Thema schlägt wieder ein anderes Tempo an. Die Satzteile geben sich als ganze Sätze und sind doch durch melodische Verknüpfungen eng verbunden: durch das Verfahren der »kontrastierenden Ableitung«. So bildet etwa das mit »dolente« bezeichnete Motiv der Oboen im »Zwölftonthema« der Introduktion (gis^2-a^1-cis^2-c^2) den Kern des dialogischen Andantethemas. Und man braucht kein blinder Apologet des Programmatischen in der Musik und kein Verächter formaler Analyse zu sein, um darin ein gerade für den Faust-Stoff charakteristisches Moment zu sehen, denn »Form« und »Inhalt« gehen hier ineinander über.

»Die Technik der ›kontrastierenden Ableitung‹«, schreibt Dahlhaus (in: *Festschrift Walter Wiora*, Tutzing 1979), »ist im ersten Satz der *Faust-Symphonie*, der musikalischen Darstellung Fausts, ›poetisch‹ begründet: als Ausdruck eines Charakters, der in Gegensätze zerrissen ist, ohne seine Identität einzubüßen. Das Programm erscheint als ästhetische Voraussetzung oder Paraphrase eines musikalischen Formgedankens und umgekehrt der Formgedanke als Mittel zur Realisierung eines Programms.«

Den Ausgangspunkt für Liszts Beschäftigung mit Goethes *Faust* hatte nicht Wagners *Ouvertüre* gebildet, sondern wohl seine erste Begegnung mit Berlioz, der ihm schon 1830 in Paris von *Faust* geschwärmt hatte – lange, bevor Liszt den Text selbst las. Und es erstaunt natürlich nicht, daß auch Berlioz – neben Schumann, Mendelssohn-Bartholdy, Gounod und vielen andern Komponisten der Zeit – sich des Faust-Stoffs annahm. Seine dramatische Legende *La Damnation de Faust* von 1846 war allerdings nicht nur ein jahrzehntelang erfolgloses Werk, sondern fiel in Liszts Augen gewissermaßen hinter den in der *Harold*-Symphonie erreichten Stand der Tondichtung zurück, neigte stärker der Gattung der Oper zu, als Liszt es für notwendig hielt. Nicht zufällig pries dieser *Harold en Italie* als bahnbrechende Tondichtung, während er zu *Faust* von Berlioz meinte, »die hier gewählte Form« sei eher ein Ausweg, der ihm durch die schreiende Ungerechtigkeit, die ihm nach der Oper *Benvenuto Cellini* den Weg auf die Bühne versperre, aufgezwungen worden sei. Und in seiner berühmten *Harold*-Schrift zitierte Liszt mit Adolf Bernhard Marx, Jean Paul und E. T. A. Hoffmann gerade wichtige Ästhetiker der »reinen Instrumentalmusik« und ihres wortlosen Bedeutens als Autoritäten der Programmsymphonie. Wenn Liszt also Berlioz, Wagner und sich selbst zu einer imaginären, grenzüberschreitenden Gruppe zusammenfaßte, so tat er dies zumindest bezüglich des Faust-Stoffes nicht, ohne sich selbst die Rolle des künstlerischen Haupts zuzuschreiben – allen freundlichen Komplimenten besonders Wagner gegenüber zum Trotz.

Wie ernst aber war es ihm überhaupt mit der »Faust«-Thematik? Ein Hauch von ironischer Distanz ist unverkennbar, wenn Liszt in einem Brief aus den frühen sechziger Jahren anläßlich seiner *Faust-Symphonie* das skurrile Pseudonym Friedrich Theodor von Vischers aufgreift, der 1862 einen parodistischen *Faust dritter Teil* veröffentlicht hatte: »Deutobold-Symbolizetti-Allegoriowitsch-Mystifizinsky«. Die deutsch-italienisch-russisch-polnische Formel paßt nicht übel auf Liszt selbst, der ein Wanderer durch die Welten und Räume, aber auch ein musikalischer Hermeneut auf der Linie Goethes war.

Daß er freilich bei alldem nicht recht bei der Sache gewesen sein soll, daß ihm seine Verkleidungen und Rollen nur als Tarnung gedient haben sollen – das will am Ende doch als allzu wohlfeile Erklärung erscheinen. So reizvoll es ist, in der Art eines Detektivs in Dingen der Moral den Unstimmigkeiten, gar Heucheleien und Verstellungen in Liszts Leben nachzuspüren, so wenig ergiebig bleibt dieses Verfahren, wenn man vergißt, den *Künstler* Franz Liszt im Auge zu behalten. Was an seiner Persönlichkeit irritiert, was gar an seinem Charakter zweifeln lassen kann, das verliert plötzlich an Fragwürdigkeit, wenn man es als Voraussetzung seines Schaffens begreift – eines Œuvres, das ungewöhnlich vielgestaltig, perspektivenreich, von inneren Gegensätzen geprägt und dadurch gerade wieder sehr »modern« ist.

Die Behauptung, Liszt hätte sein theatralisches Leben voller Rollenwechsel nur geführt, um sich als Musiker extreme Ausdrucksbereiche erobern zu können, wäre gewiß tollkühn. Aber es stimmt schon, daß sein Leben erst angesichts seiner Musik dramaturgische Logik und inneren Zusammenhang gewinnt – so verlockend es für sensationslüsterne Autoren und sentimentale Leser auch immer wieder gewesen ist, Liszts Biographie abgesehen von aller Musik als Reihung spektakulärer Episoden nachzuempfinden.

ANHANG

Zeittafel

1811   Am 22. Oktober wird Franz Liszt als einziger Sohn des Schäferei-Rentmeisters und Amateurmusikers Adam Liszt und seiner Gattin Maria Anna Liszt, geborene Lager, im burgenländischen Raiding als ungarischer Staatsbürger geboren.

1820   Erste öffentliche Konzerte des Wunderkindes; ein Jahr später Umzug nach Wien und Unterricht bei Antonio Salieri und Carl Czerny.

1823   »Weihekuß« durch Ludwig van Beethoven; Konzerte in Pest. Umzug nach Paris; Zurückweisung vom Conservatoire durch Luigi Cherubini. Privatunterricht bei Ferdinando Paer. Erste Kompositionen.

1824/25 Triumphale Erfolge des »Petit Litz« in Paris; erste Konzertreisen nach England. Komposition und Aufführungen der Oper *Don Sanche ou Le Château d'amour.*

1826   Konzertreisen durch Südfrankreich und die Schweiz. Kontrapunktstudien bei Anton Reicha. Komposition der *Étude en 48 (12) exercices.*

1827   Seelische Krise. Tod des Vaters. In Paris Gelderwerb durch Klavierunterricht.

1828/29 Liebe zu Caroline de Saint-Cricq; Zurückweisung durch deren Eltern. Zurückgezogenes Leben in Paris; Lektüre und Verkehr mit der bürgerlichen Intelligenz der Zeit.

1830   Entwurf einer *Symphonie révolutionnaire* unter dem Eindruck der Julirevolution; Sympathie für den Saint-Simonismus. Freundschaft mit Hector Berlioz.

1831/32   Begegnungen mit Niccolò Paganini, Frédéric Chopin und Felix Mendelssohn-Bartholdy; hört Vorlesungen des Musiktheoretikers François Joseph Fétis.

1833   Freundschaft mit Félicité Robert de Lamennais und erste Begegnung mit Marie Gräfin d'Agoult, geborene Flavigny.

1834/35   Bekanntschaft mit George Sand. Essay *Über zukünftige Kirchenmusik* (mit Marie d'Agoult); Berlioz-Fantasien und -Paraphrasen; Klavierstück *Harmonies poétiques et religieuses*. Lebt mit Gräfin d'Agoult in der Schweiz; in Genf Geburt der ersten Tochter Blandine. Lehrer am neugegründeten Genfer Konservatorium.

1836   Konzerte in Lyon und Paris; dort Wettspiel gegen Sigismund Thalberg.

1837   Sommer mit Marie d'Agoult bei George Sand in Nohant; darauf in Italien. Am 25. Dezember Geburt der Tochter Cosima. Rossini- und Beethoven-Transkriptionen.

1838   Wohltätigkeitskonzerte in Wien für die Hochwassergeschädigten in Ungarn. Konzerte und Reisen in Italien. Erstfassung der *Paganini-Etüden*; *Petrarca-Sonette* und andere »italienische« Werke.

1839   Erste Jahreshälfte in Rom. Geburt des Sohnes Daniel. Erste Rückkehr nach Ungarn, Konzerte in Wien. Trennung von Marie d'Agoult. *24* (eigentlich *12*) *Grandes études*.

1840/41   Auszeichnung mit dem ungarischen Ehrensäbel. Konzerte allüberall. »Ungarische« Kompositionen. Erste Begegnung mit Richard Wagner.

1842   Konzertreise in Berlin (»Lisztomanie«), Petersburg und Brüssel. Ab November »Großherzoglicher Kapellmeister in außerordentlichen Diensten« in Weimar. Zahlreiche Lieder und Miniaturen. *Album d'un voyageur* erschienen.

1843   Letzte Sommerferien mit Marie d'Agoult und den Kindern auf Nonnenwerth im Bodensee; im folgenden Jahr endgültig Trennung.

1844/45 Erste Weimarer Konzertdirigate. Zahlreiche Lieder. Zusammenarbeit mit Joachim Raff. Beethoven-Feste Bonn und Köln; erste *Beethoven-Kantate*. Konzerte in Spanien und Portugal.

1846/47 Konzertreisen. Marie d'Agoult veröffentlicht den Schlüsselroman *Nélida*. Im September Beendigung der Klaviervirtuosenkarriere. Lieder. *Harmonies poétiques et religieuses* (vollendet 1852), *Ungarische Rhapsodien* Nr. 6–10.

1848/49 De facto ordentlicher Kapellmeister in Weimar. Fürstin Carolyne von Sayn-Wittgenstein läßt sich ebenfalls in Weimar (»Altenburg«) nieder. Aufnahme des politisch verfolgten Wagner in Weimar. Dirigiert *Tannhäuser* in Weimar. Erstfassung von *Les Préludes, Bergsymphonie, Männerchormesse*, zahlreiche Lieder, *Consolations*.

1850/51 Arbeit mit Raff und August Conradi, Hans von Bülow und Joseph Joachim in Weimar. Uraufführung von Wagners *Lohengrin* in Weimar. Komponiert *Prometheus, Ad nos ...*, symphonische Dichtung *Mazeppa*; Endfassung der Etüden (1826) als *Études d'exécution transcendante*.

1852/53 Zusammenarbeit mit Peter Cornelius. Berlioz-Woche im November 1852 in Weimar; dirigiert Wagners *Faust-Ouvertüre*, Berlioz' *Benvenuto Cellini*, Robert Schumanns *Manfred*, Wagners *Fliegenden Holländer*. *Klaviersonate h-Moll*. Leitet Musikfeste in Ballenstedt (Harz) und Karlsruhe.

1854–58 Kapellmeistertätigkeit und Komposition in Weimar. Vollendung der »symphonischen Aufgabe«. Cosima heiratet Bülow (August 1857), Blandine heiratet Émile Ollivier (Oktober 1857). Uraufführung der *Klavierkonzerte Es-Dur* (unter Berlioz) und *A-Dur*; Komposition der *Faust-Symphonie* und der *Graner Festmesse*, der *Dante-Symphonie* und des *13. Psalms*. Schriften (mit Carolyne Sayn-Wittgenstein): *Berlioz und seine »Harold-Symphonie«; Robert Schumann*. Aufnahme als Konfrater in das Franziskanerkloster Pest. Nach der negativ aufgenommenen Erstaufführung von Cornelius' Oper *Der Barbier von Bagdad* stellt Liszt sein Kapellmeisteramt zur Verfügung.

1859   Im Dezember Tod des Sohnes Daniel in Berlin (an Schwindsucht). Erscheinen des Buches *Die Zigeuner und ihre Musik in Ungarn* (französisch, deutsch 1861).

1860/61   »Erklärung« von Johannes Brahms, Joachim, Julius Otto Grimm und Bernhard Scholz gegen das »Treiben« der »Neudeutschen Schule«. Die Fürstin läßt sich in Rom nieder, um beim Papst ihre Scheidung zu beschleunigen. Die Hochzeit wird auf Betreiben ihrer Verwandten verhindert. Freundschaft Liszts mit dem Kardinal Gustav zu Hohenlohe-Schillingsfürst in Rom. Schreibt sein Testament.

1862–65   Liszt lebt in Rom, später auf dem Monte Mario bei Rom und in der Villa d'Este in Tivoli. Tod der Tochter Blandine (1862) an der Geburt ihres Sohnes Daniel. Im April 1865 wird Liszt Weltgeistlicher (Abbé). Schreibt viel geistliche Musik, darunter *Cantico del sol,* die *Elisabeth-Legende* (begonnen 1857), das *Christus-Oratorium,* daneben die *Zwei Konzertetüden* und die zwei *Franziskus-Legenden.*

1866   Im Februar Tod der Mutter in Paris.

1867   Uraufführung der *Ungarischen Krönungsmesse* in Ofen (Buda), geschrieben aus Anlaß des »Ausgleichs« zwischen Österreich und Ungarn (Kaiser und König Franz Joseph I.). Besucht Wagner in Tribschen bei Luzern (1870 Heirat mit Cosima).

1868/69   Beginn der »Vie trifurquée« zwischen Rom, Weimar und Budapest.

1870/71   Liszt wird »Königlich Ungarischer Rat« mit jährlichem Ehrensold. Komposition der *Missa choralis* und vorübergehend Annäherung an den deutschen Cäcilianismus.

1872/73   Versöhnung mit Wagner und Bayreuthbesuch. Uraufführung von *Christus* in Weimar. »Fünfzigjähriges Künstlerjubiläum« in Budapest gefeiert.

1874/75 Gelegentliche Rückkehr aufs Konzertpodium, unter anderem als Beethoven-Interpret. Liszt wird Präsident der Ungarischen Landes-Musikadademie.

1876–78 Tod Marie d'Agoults (1876). Liszt besucht wiederholt die Bayreuther Festspiele. Besuch Alexandr Borodins in Weimar. Vollendung der *Années de pèlerinage. Troisième année* (1877).

1879 Liszt wird Titularkanonikus von San Albano in Rom. Komponiert die *Septem Sacramenta* und die *Via crucis*.

1880/81 Venedig, Budapest, Villa d'Este. Im Juli 1881 schwerer Treppensturz in der Weimarer Hofgärtnerei. Weiter Lehrtätigkeit in Budapest.

1882 Zahlreiche Reisen; Besuch der *Parsifal*-Uraufführung in Bayreuth. Im Winter Aufenthalt in Wagners Palazzo Vendramin in Venedig.

1883 Dirigiert Gedächtniskonzert für Wagner in Weimar.

1884 Letzte Dirigate: *Ungarische Krönungsmesse, Stanislaus*-Fragmente.

1885 Weiterhin Reisen und Unterricht; Englandbesuch. Komposition der *Historischen Ungarischen Bildnisse* und der letzten *Ungarischen Rhapsodien*.

1886 Im Juni werden bei Liszt Wassersucht und Star diagnostiziert. Am 19. Juli letzter Konzertauftritt (in Luxemburg). Festspielbesuch in Bayreuth. Tod Franz von Liszts am 31. Juli; Beisetzung am 3. August in Bayreuth.

Auswahlbibliographie

Werke von Franz von Liszt

Noten

Franz Liszts Musikalische Werke. Herausgegeben von der Franz Liszt-Stiftung, Leipzig: Breitkopf & Härtel 1907 ff. (34 Bde., unvollständig; Reprint Farnborough 1966 ff.).

Neue Ausgabe sämtlicher Werke. Budapest/Kassel: Bärenreiter 1970 ff. (neue Gesamtausgabe, im Aufbau begriffen).

Klavierwerke. Herausgegeben von Emil von Sauer, 12 Bde., Leipzig/Frankfurt: Peters.

Sämtliche Orgelwerke. Herausgegeben von Sandor Margittay, 4 Bde., Budapest: Editio Musica 1973.

Liszt Society Publications. London: Schott 1952 ff. (Teiledition wenig bekannter Früh- und Spätwerke).

Schriften und Briefe

Franz Liszts Gesammelte Schriften. Herausgegeben von Lina Ramann, 7 Bde., Leipzig: Breitkopf & Härtel 1880–83 (Reprint Hildesheim/Wiesbaden 1978).

Franz Liszts Briefe. Herausgegeben von La Mara, 8 Bde., Leipzig: Breitkopf & Härtel 1893 ff.

Briefwechsel R. Wagner – F. Liszt. Herausgegeben von Franz Hueffer, 2 Bde., Leipzig: Breitkopf & Härtel 1887.

Franz Liszts Briefe an seine Mutter. Herausgegeben von La Mara, Leipzig: Breitkopf & Härtel 1918.

Correspondance de Liszt et de la Comtesse d'Agoult. Herausgegeben von Daniel Ollivier, 2 Bde., Paris: Grasset 1933/34 (dt.: Berlin: S. Fischer 1933).

Briefe aus ungarischen Sammlungen. Herausgegeben von Margit Prahács, Kassel: Bärenreiter 1966.

Unbekannte Presse und Briefe aus Wien. Herausgegeben von Dezsö Legány, Wien/Köln/Graz: Böhlau 1984.

Weitere Literatur

Agoult, Marie d', *Memoiren*. Herausgegeben von Daniel Ollivier, übersetzt von E. Goldenberg, 2 Bde., Dresden 1928.

Brendel, Alfred, *Nachdenken über Musik*, München/Zürich 1977.

Dahlhaus, Carl, »Franz Liszt und die Vorgeschichte der Neuen Musik«, in: *Neue Zeitschrift für Musik* 1961, S. 387 ff.

Dahlhaus, Carl, »Liszts Bergsymphonie und die Idee der Symphonischen Dichtung«, in: *Jahrbuch des Staatlichen Instituts für Musikforschung Preußischer Kulturbesitz*, Berlin 1975.

Dahlhaus, Carl, »Liszts Faust-Symphonie und die Krise der symphonischen Form«, in: *Über Symphonien. Festschrift Walter Wiora*, Tutzing 1979.

Dömling, Wolfgang, *Franz Liszt und seine Zeit*, Laaber 1985.

Göllerich, August, *Franz Liszt*, Berlin 1908.

Gut, Serge, *Franz Liszt. Les éléments du langage musical*, Paris 1975.

Hamburger, Klara, *Franz Liszt*, Budapest 1973.

Haraszti, Émile, *Franz Liszt*, Paris 1967.

Heinemann, Ernst Günter, *Franz Liszts Auseinandersetzung mit der geistlichen Musik*, München/Salzburg 1978.

Helm, Everett, *Franz Liszt in Selbstzeugnissen und Bilddokumenten*, Reinbek 1972.

Heuß, Alfred, *Erläuterungen zu Franz Liszts Sinfonien und Sinfonischen Dichtungen*, Leipzig 1912.

Horvath, Emmerich Karl, *Franz Liszt*, Bd. 1 Eisenstadt 1978, Bd. 2 Eisenstadt 1982, Bd. 3 Eisenstadt 1986 (wird fortgesetzt).

Kabisch, Thomas, *Liszt und Schubert*, München/Salzburg 1984.

Kókai, Rudolf, *Franz Liszt in seinen frühen Klavierwerken*, Freiburg i. Br. 1933 (Reprint Kassel/Basel 1968).

Franz Liszt. Beiträge von ungarischen Autoren. Herausgegeben von Klara Hamburger, Budapest 1978.

Franz Liszt. The Man and His Music. Herausgegeben von Alan Walker, London 1970.

Liszt-Studien, Bd. 1 Graz 1977, Bd. 2 Salzburg 1981, Bd. 3 München/Salzburg 1986.

Miller, Norbert, »Musik als Sprache. Zur Vorgeschichte von Liszts Symphonischen Dichtungen«, in: *Beiträge zur musikalischen Hermeneutik*. Herausgegeben von Carl Dahlhaus, Regensburg 1975.

Musik-Konzepte Bd. 12. Herausgegeben von Heinz-Klaus Metzger und Rainer Riehn, München 1980.

Newman, Ernest, *The Man Liszt*, London 1934 (Reprint 1970).

Raabe, Peter, *Franz Liszt*, 2 Bde., Stuttgart 1931 (erweiterter Reprint Tutzing 1968).

Raabe, Peter, *Wege zu Liszt*, Regensburg 1943.

Ramann, Lina, *Franz Liszt als Künstler und Mensch*, 3 Bde. Leipzig 1880 ff.

Ramann, Lina, *Lisztiana. Erinnerungen an Franz Liszt*, Mainz 1983.

Redepenning, Dorothea, *Das Spätwerk Franz Liszts: Bearbeitungen eigener Kompositionen*, Hamburg 1984.

Rehberg, Paula/Nestler, Gerhard, *Franz Liszt. Eine Biographie*, Zürich 1978.

Rueger, Christoph, *Magie in Schwarz und Weiß. Franz Liszt. Eine Biographie*, Berlin 1986.

Schwarz, Peter, *Studien zur Orgelmusik Franz Liszts*, München 1973.

Searle, Humphrey, *The Music of Franz Liszt*, London 1954.

Szabolcsi, Bence, *Franz Liszt an seinem Lebensabend*, Budapest 1959.

Torkewitz, Dieter, *Harmonisches Denken im Frühwerk Franz Liszts*, München/Salzburg 1978.

Wagner, Cosima, *Die Tagebücher*, 2 Bde., München/Zürich 1976/77.

Walker, Alan, *Franz Liszt*, Bd. 1 London 1983 (wird fortgesetzt).

Winkler, Gerhard J., »Liszt und Wagner. Notizen zu einer problematischen Beziehung«, in: *Österreichische Musikzeitschrift* 2, 1986, S. 83 ff.

Winklhofer, Sharon, *Liszt's Sonata in B Minor*, Ann Arbor, MI 1980.

Register der erwähnten Werke Franz Liszts

Ein vollständiges Werkverzeichnis der Kompositionen und Bearbeitungen Franz Liszts, das über 700 Titel umfassen müßte, kann hier aus Raumgründen nicht gegeben werden. Der interessierte Leser sei verwiesen auf die Werkverzeichnisse in der zweibändigen Liszt-Monographie Peter Raabes (erweiterter Reprint Tutzing 1968), auf den Artikel »Liszt« von Humphrey Searle in *The New Grove Dictionary of Music ans Musicans*, Band 11, London 1980, und auf die Monographie *Franz Liszt und seine Zeit* von Wolfgang Dömling (Laaber 1985). Das nachfolgende alphabetische Verzeichnis erfaßt nur die im vorliegenden Text erwähnten Werke Liszts.

J'ai perdu ma force et ma vie (1872) 63 f.
Juif errant, Le (1847) 48

Klaviersonate h-Moll → *Sonate*
Konzert für Klavier und Orchester A-Dur (1839; 1849) 37, 155
Konzert für Klavier und Orchester Es-Dur (1849) 37, 155
Konzertetüden, Nr. 1–2 (1862/63) 157

Légendes, Nr. 1–2 (1860–63) 33, 103–105, 109, 118, 156
Legende vom heiligen Stanislaus. Die (unvollendet) 29, 116, 157
Legende von der heiligen Elisabeth, Die (1857–62) 12, 17, 29, 33, 88, 103, 110–112, 117, 156
Lyon → *Album*, Nr. 1

Mal du pays. Le → *Années de pèlerinage. Première année*, Nr. 8
Mazeppa (1851; 1854) 74 f., 155
Mephisto-Walzer, Nr. 1–4 (1860; 1880/81; 1883; 1885) 40
Messe für Männerchor mit Begleitung der Orgel (1848; 1869) 155
Miserere (d'après Palestrina) → *Harmonies*, Nr. 8
Missa choralis (1865) 33, 156
Missa pro organo (1879) 69
Missa solemnis zur Einweihung der Basilika in Gran (1855) 12, 38, 103, 129, 131–133, 155 f.
Morts, Les → *Trois odes*, Nr. 1

notte, La (Michelangelo) → *Trois odes*, Nr. 2
Nuages gris (1881) 93

Orage → *Années de pèlerinage. Première année*, Nr. 5
Orpheus (1853–54) 77, 79–83

Paganini-Etüden → *Grandes études*
Pastorale → *Années de pèlerinage. Première année*, Nr. 3
Pensées des morts → *Harmonies*, Nr. 4
penseroso, Il → *Années de pèlerinage. Deuxième année*, Nr. 2
Petrarca-Sonette, Nr. 1–3 → *Années de pèlerinage. Deuxième année*, Nr. 4–6
Préludes (d'après Lamartine), Les (1848, 1854) 76 f., 155
Prometheus (1850; 1855) 77, 155

Rácóczy-Marsch → *Heroischer Marsch*
Rácóczy-Marsch → *Ungarische Rhapsodien*, Nr. 15
Resignazione (1877) 65

Personenregister

Im Umkreis der Musik

PIPER

Im Umkreis der Musik

August Everding
Mir ist die Ehre widerfahren
An-Reden, Mit-Reden, Aus-Reden, Zu-Reden. Vor-Rede von Joachim Kaiser.
1985. 357 Seiten mit 8 Seiten Abbildungen. Geb.

Dietrich Fischer-Dieskau
Töne sprechen, Worte klingen
Zur Geschichte und Interpretation des Gesangs. 1985. 501 Seiten. Leinen

Martin Gregor-Dellin
Heinrich Schütz
Sein Leben – Sein Werk – Seine Zeit. 2. Aufl., 13. Tsd. 1984.
494 Seiten mit 26 Abbildungen auf Tafeln und 4 Farbtafeln. Leinen

Martin Gregor-Dellin
Richard Wagner
Sein Leben – Sein Werk – Sein Jahrhundert. 1980. 930 Seiten. Leinen

Martin Gregor-Dellin
Richard Wagner
Eine Biographie in Bildern. 1982. 220 Seiten mit 325 farbigen und
schwarzweißen Abbildungen. Leinen

Joachim Herz
»... und Figaro läßt sich scheiden«
Oper als Idee und Interpretation. 1985. 254 Seiten und 34 Abbildungen
auf Tafeln. Geb.

Joachim Kaiser
Große Pianisten in unserer Zeit
6. Aufl., 29. Tsd. 1985. 292 Seiten mit 25 Notenbeispielen und 27 Fotos. Kt.

Joachim Kaiser
Mein Name ist Sarastro
Die Gestalten in Mozarts Meisteropern von Alfonso bis Zerlina.
6. Aufl., 29. Tsd. 1985. 299 Seiten mit 25 Abbildungen. Leinen

PIPER

Im Umkreis der Musik

Wilhelm Kempff
Unter dem Zimbelstern
Jugenderinnerungen eines Pianisten. 1985. 282 Seiten.
Serie Piper 446

Wilhelm Kempff
Was ich hörte, was ich sah
Reisebilder eines Pianisten. 3. Aufl., 23. Tsd. 1986. 179 Seiten mit 16 Farbtafeln und
10 Schwarzweißfotos auf Tafeln. Leinen

Lust an der Musik
Ein Lesebuch. Herausgegeben von Klaus Stadler. 4. Aufl., 50. Tsd. 1986.
436 Seiten. Serie Piper 350

Gustav Mahler/Richard Strauss
Briefwechsel 1888–1911
Herausgegeben und mit einem musikhistorischen Essay versehen von
Herta Blaukopf. 1980. 232 Seiten und 14 Abbildungen auf Tafeln. Geb.

Diana Menuhin
Durch Dur und Moll
Mein Leben mit Yehudi Menuhin. Aus dem Englischen von Helmut Viebrock.
2. Aufl., 20. Tsd. 1985. 334 Seiten mit zahlreichen Fotos. Leinen

Yehudi Menuhin
Ich bin fasziniert von allem Menschlichen
Gespräche mit Robin Daniels. Aus dem Englischen von Hans-Jürgen Baron von
Koskull. Vorwort von Lawrence Durrell. 2. Aufl., 12. Tsd. 1983. 208 Seiten.
Serie Piper 263

Yehudi Menuhin
Kunst als Hoffnung für die Menschheit
Reden und Schriften. Mit einer Laudatio von Pierre Bertaux.
Ausgewählt, eingeleitet und aus dem Englischen übersetzt von Horst Leuchtmann.
1986. 229 Seiten mit 14 Abbildungen auf Tafeln. Leinen

PIPER

Im Umkreis der Musik

Yehudi Menuhin
Unvollendete Reise
Lebenserinnerungen. Aus dem Englischen von Isabella Nadolny und
Albrecht Roeseler. 6. Aufl., 79. Tsd. 1980. 462 Seiten und 63 Abbildungen
auf Tafeln. Geb.

Yehudi Menuhin
Variationen
Betrachtungen zu Musik und Zeit. Aus dem Englischen von
Horst Leuchtmann. 1984. 256 Seiten. Serie Piper 369

Prokofjew über Prokofjew
Aus der Jugend eines Komponisten. Herausgegeben von David H. Appel.
Aus dem Amerikanischen von Hans-Horst Henschen. 1981. 430 Seiten mit
Notenfaksimiles und 85 Abbildungen auf Tafeln. Geb.

Willi Reich
Alban Berg
Leben und Werk. 1985. 217 Seiten mit 76 Abbildungen
und Notenbeispielen. Serie Piper 288

Max Rostal
Ludwig van Beethoven:
Die Sonaten für Klavier und Violine
Gedanken zu ihrer Interpretation. Mit einem Nachtrag aus pianistischer Sicht
von Günter Ludwig. 1981. 195 Seiten mit 13 Abbildungen auf Tafeln,
5 Faksimiles und Notenbeispiele. Geb.

Sigfried Schibli
Alexander Skrjabin und seine Musik
Grenzüberschreitungen eines prometheischen Geistes. 1983. 421 Seiten mit
56 Notenbeispielen und 20 Abbildungen auf Tafeln. Geb.

Im Umkreis der Musik

Cosima Wagner
Die Tagebücher

Herausgegeben von der Stadt Bayreuth. Ediert und kommentiert von
Martin Gregor-Dellin und Dietrich Mack. 2., neu durchgesehene und im Anhang
revidierte Auflage
Band I: 1869–1872. 1982. 624 Seiten. Serie Piper 251
Band II: 1873–1877. 1982. 688 Seiten. Serie Piper 252
Band III: 1878–1880. 1982. 656 Seiten. Serie Piper 253
Band IV: 1881–1883. 1982. 688 Seiten. Serie Piper 254

Cosima Wagner
Das zweite Leben

Briefe und Aufzeichnungen 1883–1930. Herausgegeben von Dietrich Mack.
1980. 899 Seiten und 36 Abbildungen auf Tafeln. Leinen

Richard Wagner
Briefe

Ausgewählt, eingeleitet und kommentiert von Hanjo Kesting.
1983. 679 Seiten. Leinen

Richard Wagner
Mein Denken

Eine Auswahl der Schriften. Herausgegeben und eingeleitet von
Martin Gregor-Dellin. 1982. 416 Seiten. Serie Piper 264

PIPER

Volkmar Braunbehrens

Mozart in Wien

1986. 512 Seiten mit 42 Abbildungen auf Tafeln und im Text. Leinen

Mozarts Leben war schon immer mit Legenden umgeben, mit Anekdoten und Geschichten, die auf zweifelhafte und nicht nachprüfbare Quellen zurückgehen. Seine Biographie schien die romantische Vorstellung vom gefeierten Wunderkind, das zum musikalischen Genie heranreift, von seinen Zeitgenossen aber schon zu Lebzeiten vergessen wird und im Armengrab endet, in idealer Weise zu erfüllen. Ein liebgewordenes Mozartbild, ein von Legenden überwuchertes Denkmal, das dringend einer Reinigung bedarf.

Der Kulturhistoriker Volkmar Braunbehrens beschreitet einen neuen Weg, um Mozarts Reifezeit, die Jahre in Wien (1781–1791) genauer zu erfassen. Er konfrontiert die für diese Zeit spärlichen Zeugnisse über Mozarts Leben mit dem Wiener Alltag der josephinischen Zeit, er schaut auf das, was vor Mozarts Haustür passiert, sucht nach den Lebensbedingungen in Wien, dem »normalen Leben« in der Metropole des Habsburger Reiches und fragt von diesem Panorama aus zurück nach Mozarts Lebenswirklichkeit. Gerade die biographischen Details, die von der Musikgeschichtsschreibung eher vernachlässigt wurden, erfahren eine ausführliche Darstellung, führen zu neuen Einsichten:
- die häuslichen Verhältnisse und das Familienleben, wobei auch Konstanze Mozart endlich eine vorurteilsfreie und gerechte Würdigung erfährt;
- die Bedeutung der Wiener Salons;
- Freundschaften zu Menschen mit außergewöhnlichen Schicksalen und zu gesellschaftlichen Außenseitern;
- ein Bekenntnis zur Freimaurerei, als diese längst von der Geheimpolizei observiert wurde;
- ein waches Gespür für die innenpolitischen Veränderungen im Gefolge der Reformpolitik Josephs II.;
- schließlich wird auch die Legende von Mozarts Armengrab schlüssig widerlegt.

Diese umfassende Biographie des erwachsenden Mozart ist zugleich eine Biographie des josephinischen Zeitalters, ein aufregendes Kapitel der österreichisch-deutschen Kulturgeschichte mit vielen bisher unbekannten Details und überraschenden neuen Erkenntnissen. Braunbehrens hat genau recherchiert. Sein Buch kommt zur rechten Zeit – es trifft auf ein durch den Film »Amadeus« neu entfachtes Interesse an Mozarts Leben und Musik.

Piper